日向俊二●著

■ **サンプルファイルのダウンロードについて**

本書掲載のサンプルファイルは、下記 URL からダウンロードできます。

http://cutt.jp/books/978-4-87783-443-2/

・本書の内容についてのご意見、ご質問は、お名前、ご連絡先を明記のうえ、小社出版部宛文書（郵送または E-mail）でお送りください。
・電話によるお問い合わせはお受けできません。
・本書の解説範囲を越える内容のご質問や、本書の内容と無関係なご質問にはお答えできません。
・匿名のフリーメールアドレスからのお問い合わせには返信しかねます。

本書で取り上げられているシステム名／製品名は、一般に開発各社の登録商標／商品名です。本書では、™ および ® マークは明記していません。本書に掲載されている団体／商品に対して、その商標権を侵害する意図は一切ありません。本書で紹介している URL や各サイトの内容は変更される場合があります。

はじめに

　Python は、とてもシンプルでわかりやすいプログラミング言語です。

　Python はインタープリタ（インタラクティブシェルともいう）で動作できるので、プログラムコードを実行した結果をすぐに見ることができます。また、Windows、Linux、iOS、macOS などさまざまな環境でほとんど同じように実行することができます。そのため、これからプログラミング（プログラム作成）を学ぼうという初心者にはうってつけの学習環境といえます。

　一方で、Python そのものは、オブジェクト指向プログラミングという高度な概念が取り入れられた言語です。そのため、高度なプログラムを開発することも可能です。しかし、Python を使ってプログラムを作るときには、難しい概念の高度な理解は必要なく、ただ単に「もの」(オブジェクト)を操作したり利用するという簡単なとらえ方で済みます。

　Python ではインタープリタというシステムを使うことができます。インタープリタであたかもシステムと対話するかのように命令を入力するとその場ですぐに結果を得ることができます。そして、プログラムはファイルに保存しておいて後で何度も実行することもできます。さらには、Python のプログラミングの経験を積むことで、C++ や C#、Java などの他の高級プログラミング言語への導入に必要な概念の理解が自然とできるので、将来、他の高度なコンパイラ型高級プログラミング言語を習得するときにとても役に立つことでしょう。

　本書は、プログラミングを行ったことがない読者でも、プログラミングというものについて馴染み、Python で自分でプログラムを作成できるように配慮してあります。具体的には、PC の基本的な操作方法、ワープロや表計算ソフトのような一般的なアプリの操作方法、ファイル名やフォルダ（ディレクトリ）の扱い方などについて知っていれば、本書でプログラミングを学び始めることができます。

　本書でプログラミングの楽しさと、プログラミングすることでパソコンを自在に扱える楽しみを実感してください。

本書の表記

[...]	書式の説明において、[と] で囲んだものは省略可能であることを示します。
X	キーボードのキーを押すことを示します。たとえば、**F5** は F5 キーを押すことを意味します。
S+X	**S** と **X** を両方押すことを示します。**Ctrl+F5** は Ctrl キーを押したまま F5 キーを押すことを意味します。
>	OS のコマンドプロンプトを表します。Linux など UNIX 系 OS の場合は一般的には「$」ですが、本書では「>」で表しますので適宜読み替えてください。

本文を補足するような説明や、知っておくとよい話題です

特に重要なことです。

特定の項目についてのある程度まとまった補足説明です。

ご注意

- 本書の内容は本書執筆時の状態で記述しています。執筆時のPythonの最新のバージョンは3.7です。将来、Pythonのバージョンが変わるなど、何らかの理由で記述と実際とが異なる結果となる可能性があります。
- 本書はPythonのすべてのことについて完全に解説するものではありません。必要に応じてPythonのドキュメントなどを参照してください。
- 本書のサンプルは、プログラミングを理解するために掲載するものです。実用的なアプリとして提供するものではありませんので、ユーザーのエラーへの対処やその他の面で省略してあるところがあります。
- 本書のサンプルは次のバージョンのPythonで動作を確認しています。
  3.2.1、3.6.5、3.7.0

本書に関するお問い合わせについて

　本書に関するお問い合わせは、sales@cutt.co.jp にメールでご連絡ください。

　なお、お問い合わせは本書に記述されている範囲に限らせていただきます。特定の環境や特定の目的に対するお問い合わせ等にはお答えできませんので、あらかじめご了承ください。

　お問い合わせの際には下記事項を明記してください。

氏名：
連絡先メールアドレス：
書名：
記載ページ：
問い合わせ内容：
実行環境：

もくじ

はじめに iii

第 1 章　はじめての Python……1

1.1　Python の使い方 2
◆ Python の起動……2　◆ Python のインタープリタ……4

1.2　計算をしてみよう 5
◆ 単純な加算……5　◆ やや複雑な式……6

1.3　文字列の表示 7
◆ Hello, Python!……7　◆ 関数を使わない方法……8

1.4　スクリプトファイル 9
◆ ファイルの作成……9　◆ ファイルの保存……10
◆ スクリプトの実行……10

1.5　入力 12
◆ Hello, Yourname……12　◆ スクリプトファイル……13

1.6　日本語の取扱い 14
◆ 日本語で「こんにちは」……14　◆ エンコーディングの指定……14

1.7　タートルグラフィックス 15
◆ タートルで遊ぼう……19　◆ Turtle のメソッド……21
◆ ペンの上げ下げ……23

練習問題 26

第 2 章　変数と演算……27

2.1　式 28
◆ 単純な式……28　◆ 関数 print() の中の式……29

2.2　演算子と算術演算 30
◆ 基本的な演算子……30　◆ その他の算術演算子……31
◆ 関係演算子……32　◆ 代入演算子……32　◆ 優先順位……33

2.3　変数 35
◆ 変数の使い方……35　◆ 変数の初期化……36

2.4　Python の変数と式の特性 37
◆ Python の変数の特性……37　◆ 変数名……38　◆ 文字列型……39
◆ ブール型……40

| 2.5 | タートルで遊ぼう | 41 |

◆ 変数の値の変更 ……41

練習問題 …………………………………………………………………42

第3章　リスト……43

| 3.1 | 数値のリスト | 44 |

◆ リスト ……44　　◆ リストの内容変更 ……46

| 3.2 | 文字列リスト | 48 |

◆ 文字列のリスト ……48

| 3.3 | 混在リスト | 49 |

◆ 数値と文字列の混在リスト ……49

| 3.4 | 関数とメソッド | 50 |

◆ 関数 ……50　　◆ メソッド ……51

| 3.5 | 辞書型 | 53 |

◆ 辞書（Dictionary）……53

| 3.6 | タートルで遊ぼう | 55 |

◆ 値のリストを使う ……55

練習問題 …………………………………………………………………56

第4章　関　数……57

| 4.1 | 関数 | 58 |

◆ 値を返す関数 ……58　　◆ 繰り返して行う処理 ……59

| 4.2 | 関数を作る | 60 |

◆ 関数の定義 ……60　　◆ 関数の引数 ……63

| 4.3 | タートルで遊ぼう | 65 |

◆ カメを描く関数 ……65

練習問題 …………………………………………………………………68

第5章　制御構文……69

| 5.1 | 実行制御と演算子 | 70 |

◆ 関係演算子 ……70　　◆ 論理演算子 ……71

| 5.2 | if 文 | 72 |

◆ 条件式の構文 ……72　　◆ elif ……76

| 5.3 | while 文 | 77 |

◆ while の構文 ……77

	5.4	for 文 80
		◆ for 文の構文 ……80
	5.5	try 文 82
		◆ 例外 ……82　◆ try...except 〜 finally 文 ……82　◆ else ……84
	5.6	タートルで遊ぼう 85
	練習問題	86

第 6 章　ファイル……87

	6.1	ファイルへの書き込み 88
		◆ ファイルへのテキストの出力 ……88　◆ ファイルへの追加 ……90
	6.2	ファイルからの読み込み 92
		◆ 単純なファイルから読み込み ……92　◆ for 文を使った読み込み ……94
		◆ 複数行の読み込み ……95
	6.3	例外処理 96
		◆ 典型的な例外処理 ……96
	6.4	タートルで遊ぼう 97
	練習問題	99

第 7 章　クラス……101

	7.1	クラスとオブジェクト 102
		◆ オブジェクト ……102
	7.2	クラス 103
		◆ クラスの定義 ……103
	7.3	継承 106
		◆ スーパークラスとサブクラス ……106　◆ スーパークラスの定義 ……107
		◆ サブクラスの定義 ……108
	7.4	モジュール 110
		◆ animal モジュール ……110　◆ モジュールのインポート ……111
	練習問題	112

第 8 章　実践プログラミング（1）……113

	8.1	平均を求めるプログラム 114
		◆ 課題 ……114　◆ 2 値の平均 ……114　◆ 複数の値の平均 ……118
	8.2	最大公約数を求めるプログラム 121
		◆ 課題 ……121　◆ ユークリッドの互除法のプログラム ……122
	練習問題	124

第 9 章　実践プログラミング（2）……125

9.1　アドレス帳 126
◆ 課題 ……126　　◆ アドレスのクラス ……126
◆ オブジェクトのリスト ……127

9.2　サイコロ 133
◆ 課題 ……133　　◆ 乱数 ……134

> 練習問題 139

第 10 章　GUI プログラミング……141

10.1　GUI プログラミング 142
◆ GUI アプリの構造 ……142　　◆ ウィンドウの作成 ……143

10.2　ダイアログベースのアプリ 146
◆ 作成するアプリ ……146　　◆ プログラムコード ……147

10.3　標準的なアプリ 152
◆ 作成するアプリ ……152　　◆ プログラムコード ……153
◆ 日本語バージョンの Editor ……163

第 11 章　さまざまなモジュール……169

11.1　Python のモジュール 170
◆ Python の添付モジュール ……170　　◆ モジュール使用上の注意点 ……171

11.2　さまざまなモジュール 172
◆ sys モジュール ……172　　◆ math モジュール ……175
◆ random モジュール ……178　　◆ time モジュール ……180
◆ webbrowser モジュール ……182　　◆ threading モジュール ……182
◆ Timer オブジェクト ……183

第 12 章　その他の話題……185

12.1　IDLE 186
◆ インタラクティブシェルモード ……186　　◆ 編集モード ……190

12.2　デバッグ 191
◆ プログラムのテスト ……191　　◆ ユニットテスト ……192
◆ デバッグの手順 ……194　　◆ 症状の把握 ……195
◆ 追跡の方法 ……195　　◆ バグの修正 ……196

12.3　Python の応用 196
◆ 教育 ……196　　◆ グラフィックス ……197　　◆ 科学技術計算 ……197
◆ 機械学習 ……197

| 12.4 | 次のステップ | 198 |

◆ 学習の進め方 ……198　◆ ドキュメント ……198

付　録……201

付録A	Pythonのインストールと環境設定	202
付録B	トラブルシューティング	206
付録C	練習問題解答例	211
付録D	参考資料	229

索引 …… 230

第 1 章

はじめての Python

最初に簡単なプログラムを動かしてみて、プログラムとは何かということを理解しましょう。この章では、Python のインタープリタ（インタラクティブシェル）を使って単純な計算をしたり出力をする方法と、Python のプログラムファイル（スクリプトファイル）を実行する方法を通して、Python の基本的な操作方法と簡単なプログラムの作り方や実行のしかたを学びます。また、タートルグラフィックスというカメが動き回るプログラムを作ってみます。

1.1 Pythonの使い方

ここでは Python を使い始めるために必要なことを説明します。Python のインストールについては、巻末の付録 A「Python のインストールと環境設定」を参照してください。

◆ Python の起動

Windows の場合、アプリのリストまたはスタートメニューから、「Python 3.7」→「Python 3.7」を選択してクリックします（「3.7」の部分はインストールした Python のバージョンによって変わります）。

図1.1●Windows 10のスタートメニュー

Python のバージョンによっては、「Python x.y」→「Python(command line)」を選択してクリックします（「x.y」は Python のバージョンを表します）。

図1.2●Windowsのスタートメニュー

Windowsでは、コマンドプロンプトのウィンドウやWindows PowerShellのプロンプトから「python」と入力してPythonのインタープリタ（インタラクティブシェル）を起動することもできます。

　LinuxやmacOSなどの場合、端末（コンソール、ターミナルともいう）から「python」と入力します。

システムによっては、「python」の代わりに「python3」や「python3.7」などバージョンを含めた名前を入力します。また、「bpython」や「bpython3」などでPythonを起動できる場合もあります。さらに、スタートメニューから「IDLE (Python x.y)」を選択したり、コンソールから「idle」と入力してPythonを使うことができる場合もあります（インストールする環境とPythonのバージョンによって異なります）。

　Pythonが起動すると、Pythonのメッセージと一次プロンプトと呼ばれる「>>>」が表示されます。これがPythonのインタープリタ（インタラクティブシェル）のプロンプトです。

```
Python 3.7.0 (v3.7.0:1bf9cc5093, Jun 27 2018, 04:59:51) [MSC v.1914 64 bit
(AMD64)] on win32
Type "help", "copyright", "credits" or "license" for more information.
>>>
```

　これはWindowsでPython 3.7.0の場合の例です。バージョン番号やその後の情報（Pythonをコンパイルしたコンパイラやプラットフォームの名前など）は、この例と違っていてもかまいません。たとえば、筆者の手元にあるLinux環境では、次のように表示されました。

```
[saltydog@localhost ~]$ python3.6
Python 3.6.5 (default, Apr 10 2018, 17:08:37)
[GCC 4.8.5 20150623 (Red Hat 4.8.5-16)] on linux
```

```
Type "help", "copyright", "credits" or "license" for more information.
>>>
```

いずれにしても、「Type "help", "copyright", "credits" or "license" for more information.」を含むPythonのメッセージとプロンプト「>>>」が表示されれば、Pythonのインタープリタが起動したことがわかります。

何かうまくいかない場合は、付録A「Pythonのインストールと環境設定」や付録B「トラブルシューティング」を参照してください。なお、本書ではPython 3.0以降のバージョンを使うことを前提としています。

◆ Pythonのインタープリタ

プロンプト「>>>」が表示されている環境を、Pythonのインタープリタ（インタラクティブシェル）といいます。この環境は、Pythonの命令や式などを読み込んで、その結果を必要に応じて出力します。

インタープリタは「解釈して実行するもの」、インタラクティブシェルは「対話型でユーザーからの操作を受け付けて結果や情報を表示するもの」という意味です。

プロンプト「>>>」は、ユーザー（Pythonのユーザーはプログラムを実行する人）からの命令や計算式の入力を受け付けることを表しています。このプロンプトに対して命令や計算式などを入力することで、後述するようなさまざまなことを行うことができます。

Pythonを使っているときには、OS（コマンドウィンドウ、ターミナルウィンドウなど）のプロンプトである「>」や「#」、「$」などと、Pythonのプロンプト「>>>」を使います。この2種類のプロンプトは役割が異なるので区別してください。

1.2 計算をしてみよう

最初にPythonで計算をしてみましょう。

◆ 単純な加算

Pythonのプロンプト「>>>」に対して「2+3」と入力し、**Enter**を押すと、次に示すように2+3の計算結果である5が表示され、続けて新しいプロンプトが表示されます。

```
>>> 2+3
5
>>>
```

本書ではこれ以降、Pythonのプロンプトに対してキー入力する箇所を上記のように太字で示します。また、紙面には明記しませんが、キー入力は**Enter**を押して完了します。

足し算だけでなく、引き算や掛け算、割り算を行うこともできます。引き算の記号は「-」（マイナス）ですが、掛け算の記号は数学と違って「*」（アスタリスク）、割り算の記号は「/」（スラッシュです）。

たとえば、12 - 5を実行すると次のようになります。

```
>>> 12-5
7
```

また、たとえば、6 × 7を実行すると次のようになります。

```
>>> 6*7
42
```

さらに、たとえば、8を2で割ると次のようになります。

```
>>> 8/2
4.0
```

 3.0 より前のバージョンの Python では、整数同士の割り算の結果は、小数点以下が切り捨てられて整数になります。そのため、8／2の結果は小数点の付かない4になり、3／2の結果は1になります。

◆ **やや複雑な式** ....◆

もっと複雑な式も、もちろん計算できます。次の例は、123.45 ×(2 + 7.5) - 12.5 / 3 の計算例です。

```
>>> 123.45*(2+7.5)-12.5/3
1168.6083333333333
```

Python を終了するときには、プロンプトに対して quit() を入力します。

```
>>> quit()
```

quit() を入力しても終了できないときには、Windows では **Ctrl+z Enter** を実行してみてください。Linux では **Ctrl+d+Enter** を実行してみてください。

電卓のように計算をするだけでは面白くありませんね。実際には、計算式も「式文」という種類の立派なプログラムコード（文）なのですが、もう少しプログラムらしいことをやってみましょう。

1.3 文字列の表示

C言語の最初の解説書である「プログラミング言語C」以来、プログラミングの最初のステップは伝統的に「Hello world!」と表示するコードを示すことになっています。ここではPythonで文字列を表示する方法を説明します。

◆ Hello, Python!

ここで「Hello, Python!」と出力する次のようなプログラムを実行してみましょう。プログラムの意味は後で考えることにします。

```
>>> print ('Hello, Python!')
Hello, Python!
>>>
```

入力したプログラムコードは「print ('Hello, Python!')」です。その実行結果が次の行の「Hello, Python!」です。

古いバージョンのPythonでは、「print 'Hello, Python!'」としないとエラーになることがあります。その場合は、2.7以降の新しいバージョンのPythonをインストールすると良いでしょう。

「print ('Hello, Python!')」の「print」は、その後の (〜) の内容を出力する命令です。

print() のような何らかの結果をもたらす命令を関数といいます。関数については第4章で説明します。

出力する内容は「Hello, Python!」なのですが、これを文字列であるとPythonのインタープリタに知らせるために、「'」（シングルクォーテーション）または「"」（ダブルク

オーテーション）で囲みます。

```
>>> print ("Hello, Python!")
Hello, Python!
>>>
```

同じようにして、計算式を出力することもできます。

```
>>> print (2*3+4*5)
26
>>>
```

今度は文字列ではなく式を計算した結果である数値を出力したので、(〜) の内容を「'」や「"」で囲まないことに注意してください。

 文字列は「'」や「"」で囲み、数式や数値そのものは囲まないという点に注意しましょう。

◆ 関数を使わない方法

print() を使わないで、単に文字列を入力しても、入力した文字列が出力されます。

```
>>> 'Hello, Python!'
'Hello, Python!'
>>> "Hello, Python!"
'Hello, Python!'
```

これは、print() を省略した 1 つの命令と考えることもできますが、Python では入力された値（文字列も 1 つの値です）をそのまま出力されると考えることもできます。

> print() を使う場合と使わない場合でまったく同じであるわけではありません。「print ("Hello, Python!")」を実行すると「Hello, Python!」とクォーテーションで囲まれずに文字列だけが出力されますが、Python のプロンプトに対して「'Hello, Python!'」を入力すると、「'Hello, Python!'」のようにクォーテーションで囲まれた文字列が出力されます。このクォーテーションは、値が文字列であることを表しています。

1.4 スクリプトファイル

プログラムをファイルに保存することもできます。

◆ファイルの作成

「print ("Hello, Python!")」という 1 行だけのプログラムのファイル（スクリプトファイル）を作成して保存してみましょう。

>
> スクリプトファイルを準備するために、Python インタープリタをいったん終了して OS のコマンドプロンプトに戻ります。Python インタープリタをいったん終了するには、quit() を入力します。

Windows のメモ帳や Linux の gedit など、好きなテキストエディタを使って、「print ("Hello, Python!")」と 1 行入力します。

図1.3●メモ帳で編集した例

図1.4●gedit で編集した例

◆ ファイルの保存

　そして、これを hello.py というファイル名で保存します。こうしてできたファイルが Python のプログラムファイルであり、スクリプトファイルともいいます。

> Windows のようなデフォルトではファイル拡張子が表示されないシステムの場合、ファイルの拡張子が表示されるように設定してください。また、自動的に txt のような拡張子が付けられるエディタでは、hello.txt や hello.py.txt というファイル名にならないように注意する必要があります。

　ファイルを保存する場所には注意を払う必要があります。後で .py ファイルを容易に（パスを指定しないで）実行できるようにするには、適切なディレクトリを用意してからそこに保存するとよいでしょう。以下では、次に示すディレクトリに保存したものとして説明を続けます。

- Windows の場合は c:¥python¥ch01
- Linux など UNIX 系 OS の場合はユーザーのホームディレクトリ以下の python/ch01

◆ スクリプトの実行

　それでは、保存したスクリプト（Python のプログラムファイル）を実行してみましょう。
　Windows の場合は、コマンドラインで「cd c:¥python¥ch01」を実行してカレント

ディレクトリを c:¥python¥ch01 に変更します。Linux などの場合は、コマンドライン
で「cd python/ch01」を実行してカレントディレクトリを python/ch01 に変更します。
これで、パスを指定しないでスクリプトファイルを実行することができます。

それから「python hello.py」と入力してください。プログラムが実行されて、次のよ
うに結果の文字列「Hello, Python!」が表示されるはずです。

```
>python hello.py
Hello, Python!
```

次のように、パスを指定して実行することもできます。

```
>python c:¥python¥ch01¥hello.py
Hello, Python!
```

Python のプログラムは、プロンプトから直接入力して実行する他に、ファイルに保存してお
いたものを読み込んで実行することもできます。

Python のプロンプト「>>>」でカレントディレクトリを調べるには、次のようにします。

```
>>> import os
>>> os.getcwd()
```

また、カレントディレクトリを移動するには os.chdir() を使います。たとえば、
c:¥python¥ch01 に移動してからカレントディレクトリを確認するには、次のようにし
ます。

```
>>> os.chdir('c:¥python¥ch01')
>>> os.getcwd()
'c:¥¥python¥¥ch01'
```

1.5 入力

ここではごく単純な入力の方法を説明します。

◆ Hello, Yourname

あなたの名前を入力して、「Hello, ○○○」と表示するプログラムを作ってみましょう。テキスト行を入力するには input() を使います。

プログラムは次の2行になります。

```
x = input(' Name? ')
print('Hello, ', x)
```

x には入力された名前が保存されます（x のような値を保存するものを変数といいます）。

Python のプロンプトから実行するには次のように入力します。

```
>>> x = input ('Name? ')
Name? Taro
>>> print ('Hello,',x)
Hello, Taro
```

このとき、Python のインタープリタの中で x には名前（この場合は「Taro」）が保存されています。ですから、単に x と入力すればその内容が表示されます。

```
>>> x
'Taro'
```

 変数 x の内容が文字列であることを表すために「'」で囲まれていることに注目してください。

◆ スクリプトファイル

　この短いプログラムを後で何度でも使えるようにスクリプトファイルにするには、次のような内容のファイルとして作っておくとよいでしょう。

リスト1.1●helloU.py

```
# helloU.py
x = input('Name? ')
print('Hello, ', x)
```

　「#」で始まる行はコメント（注釈）で、ここではファイル名を表しています。
　OSのコマンドラインからこのスクリプトファイルを実行するには、次のようにします。

```
C:¥Python¥Ch01>python helloU.py
Name? Taro
Hello,  Taro
```

コメントはプログラムの実行に影響を与えません。Pythonでは「#」より右側がコメントとみなされるので、次のように行の途中からコメントを記述することもできます。

```
print('hello')    # hello を出力する
```

1.6 日本語の取扱い

Pythonでは、日本語も容易に扱うことができます。

◆ 日本語で「こんにちは」

ここで「こんにちは, Python!」と出力する次のようなプログラムを実行してみましょう。

```
>>> print ('こんにちは, Python!')
こんにちは, Python!
>>>
```

 UTF-8のコンソールで上のコードを正しく実行できないときには、「print (u'こんにちは, Python!')」を実行してみてください。

◆ エンコーディングの指定

スクリプトファイルに日本語を記述するときには、ファイルのエンコーディング（UTF-8、shift-jisなど）を指定します。たとえば、スクリプトをUTF-8で保存した場合、次のようにします。

リスト1.2●helloutf8.py

```
# -*- coding:UTF-8 -*-
print ('こんにちは, Python!')
```

また、たとえば、スクリプトをシフトJISで保存した場合、次のようにします。

リスト1.3●hellosjis.py

```
# -*- coding:shift-jis -*-
print ('こんにちは, Python!')
```

これらのスクリプトファイルを実行するときには、OS のコマンドプロンプトから、たとえば次のように実行します。

```
C:¥Python¥Ch01>python helloutf8.py
こんにちは, Python!
```

1.7 タートルグラフィックス

　Python には、タートルグラフィックスという面白い機能が組み込まれています。タートルグラフィックスを利用すると、図形が動き回るプログラムを通して、Python の基本的な事項と簡単なプログラムの実行のしかたを楽しみながら学ぶことができます。
　タートルグラフィックスを十分に活用するには、後の章で説明する概念を理解する必要がありますが、遊んでみる分には難しく考える必要はありません。ここでは、初心者でもできる範囲でいろいろやってみて、プログラミングの1つの側面を覗き見てみましょう。

Python の種類によっては、turtle を使おうとすると問題が発生することがあります。問題が発生した場合は付録 B「トラブルシューティング」を参照してください。

　タートル（亀の意味）を表示するには、Python インタープリタを起動して、次のように入力します。

```
>>> import turtle
>>> kame=turtle.Turtle()
>>>
```

しばらくすると、次のようなウィンドウが表示されます。

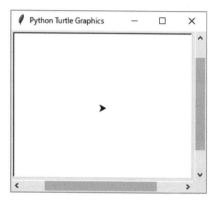

図1.5●タートルグラフィックスのウィンドウ

　中心に表示されたものがタートル（カメ、Turtle）です。実際にはカメの形をしていませんが、後でカメらしい形に変更することができます。
　最初の「import turtle」は、turtle という名前のモジュールと呼ぶものを読み込みます。ここではタートルグラフィックスを使うために必要な準備作業であると考えてください。
　次の「kame=turtle.Turtle()」は、タートルを作成してそれに kame という名前を付けています（技術的には、Turtle のインスタンス（Turtle オブジェクト）を作成してその参照を変数 kame に保存するといいます）。また、このコードが実行されると、ウィンドウが開いて、その中央にタートルを表す三角形が表示されます。
　次に、この三角形をカメらしい形にしましょう。次の行を入力します。

```
>>> kame.shape('turtle')
```

これで、三角形がカメの形になります。

1.7　タートルグラフィックス

> **Note** kame というもの（オブジェクト）に対して、「形状をカメの形にする」という指示を与えるような命令を、メソッドといいます。メソッドについては第 7 章で説明します。

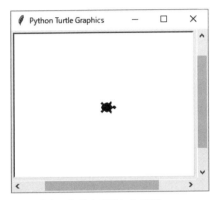

図1.6●タートルを表示した状態

> **Note** 環境によってはタートル（カメ）のサイズが小さくてカメに見えないことがある可能性があります。その場合は、「kame.shapesize(2,2,2)」や「kame.shapesize(3,3,3)」を入力して、カメのサイズを大きくしてください。

　この実行中のプログラムを終了するときには、プロンプトに対して quit() を入力するか、タートルが表示されているウィンドウの右上のクローズボックスをクリックします。

図1.7●クローズボックス

　これら 3 行のプログラムは、ただウィンドウを表示して中央にタートルを表示するだけのものです。

```
>>> import turtle
>>> kame=turtle.Turtle()
>>> kame.shape('turtle')
```

しかし、これでも立派なプログラムであることには間違いありません。たびたび使うので、次のようにコード部分だけをエディタで入力して、kame.py という名前を付けて保存しておくと便利です。

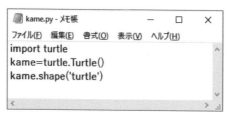

図1.8●kame.pyをメモ帳で編集したところ

> **COLUMN**
>
> **タートルグラフィックス**
>
> タートルグラフィックスは、Logo というプログラミング言語に導入されたもので、プログラムの動作を眼で見て直観的に理解しやすいという性質を持っています。これは、プログラミングを視覚的に容易に理解できるようにするための考えられたものです。タートルグラフィックスは、Logo 以外にも Small Basic などいくつかの言語に組み込まれています。

1.7 タートルグラフィックス

◆ タートルで遊ぼう

前のプログラムは単にタートルを表示するだけの単純なものでした。これだけでは面白くないので、さらに命令を追加してみましょう。

タートルがウィンドウの中央に表示されている状態で、次の命令を入力してみましょう。

```
>>> import turtle
>>> kame=turtle.Turtle()
>>> kame.shape('turtle')     # ここまでは入力済み
>>> kame.forward(100)
>>>
```

#はコメントの開始記号で、#より右側はコメント（注釈）として解釈されます。

ウィンドウの中のカメが、右に100ピクセル移動するはずです。

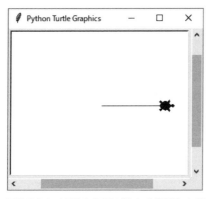

図1.9●カメが右に100ピクセル移動した状態

「kame.forward(100)」は、カメを前に移動する（forward）という意味で、()の中の100は移動距離を表しています。この例のように、命令の言葉の後の()の中に指定する値を**引数**といいます。

さらにカメを動かしてみましょう。次の2つの命令は、カメの向きを左に90度向きを変えてから、前に100だけ移動するコードです。

```
>>> kame.left(90)
>>> kame.forward(100)
```

ウィンドウの内容は次のようになります。

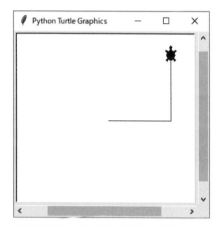

図1.10●カメをさらに移動した状態

これまでのプログラムをスクリプトとして、次のような形式で表現することもできます（kame1.pyはスクリプトのファイル名で、このプログラムを識別するための名前としても使います）。

リスト1.4●kame1.py

```
import turtle
kame=turtle.Turtle()
kame.shape('turtle')
kame.forward(100)
kame.left(90)
kame.forward(100)
```

このような表現を「プログラムリスト」、「ソースコードリスト」または単に「リスト」ともいいます。

Python のインタープリタをいったん終了して、保存したファイルをコマンドラインから「python kame1.py」で Python に読み込んで実行してみましょう。コマンドラインから実行した場合は、カメが動き終わってプログラムが終了すると、ウィンドウは自動的に閉じます。プログラムがウィンドウを自動的に閉じないようにしたいときには、ファイルの最後に「k=input()」という行を追加してください。こうすることで、コマンドプロンプトウィンドウの中で Enter が押されるまでウィンドウが閉じなくなります。

リスト1.5●kame1a.py

```
import turtle
kame=turtle.Turtle()
kame.shape('turtle')
kame.forward(100)
kame.left(90)
kame.forward(100)
k=input()
```

◆ Turtle のメソッド

前の例では、kame というもの(オブジェクト)に対して left() という新しい命令を使いましたが、Turtle には、他にも命令があります。このような、オブジェクトの動作を指示する命令をメソッドと呼びます。Turtle のうち、簡単に使える主なメソッドを表 1.1 に示します。

表1.1●Turtleのメソッド（一部）

メソッド	機能
forward(distance)	カメをdistanceだけ前へ移動します。
back(distance)	カメをdistanceだけ後ろへ移動します。
right(angle)	angleで指定された角度でカメを右に回転します。
left(angle)	angleで指定された角度でカメを左に回転します。

メソッド	機能
circle(r)	半径rでカメに円を描かせます。
undo()	1つ前の操作を取り消します。
home()	カメをウィンドウの中心に戻します。
clear()	それまでに描かれたカメの軌跡を消します。

これらのメソッドを使って、次のようなプログラムを作りましょう。

```
>>> import turtle
>>> kame=turtle.Turtle()
>>> kame.shape('turtle')    # カメを表示する
>>> kame.forward(100)       # カメを100だけ前に移動する
>>> kame.left(90)           # カメの進行方向を左に90°に曲げる
>>> kame.forward(100)       # カメを100だけ前に移動する
>>> kame.left(60)           # カメの進行方向を左に60°曲げる
>>> kame.forward(200)       # カメを200だけ前に移動する
>>> kame.right(90)          # カメの進行方向を右に90°曲げる
>>> kame.forward(100)       # カメを100だけ前に移動する
>>>
```

プログラムの実行結果は次のようになります。

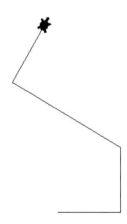

図1.11●やや複雑なカメの動き

このプログラムをスクリプトにして kame2 という名前を付けてソースリストにしたものを示すと次のようになります。

リスト1.6●kame2.py

```python
import turtle
kame=turtle.Turtle()
kame.shape('turtle')
kame.forward(100)
kame.left(90)
kame.forward(100)
kame.left(60)
kame.forward(200)
kame.right(90)
kame.forward(100)
```

◆ ペンの上げ下げ

　これまでの例では、カメが動いた通りに線が描かれます。この状態ではいわゆる一筆書きの図しか書けません。しかし、カメには「ペン」というオブジェクト（もの）があって、ペンを上げて移動すると線が描かれなくなります。ペンはいつでも上げ下げできるので、再びペンを下げるとカメが動いた軌跡に線を引くことができます。

カメはいつも「ペン」を持っていて、それを下げて移動するとカメが移動した通りに線が描かれ、ペンを持ち上げて移動すると線が描かれない、と考えることもできます。

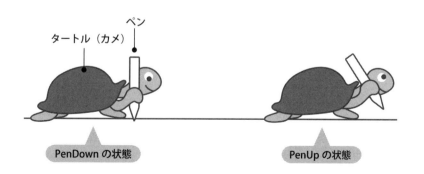

turtleのメソッドのうち、ペンの上げ下げに関連するメソッドをさらに2種類、次の表に示します。

表1.2●turtleのメソッド（追加）

メソッド	機能
pendown()	ペンを下して、カメが動作した通りに描くことができるようにする。
penup()	ペンを上げて、カメが動作した通りに描くのを停止する。

turtleのその他のメソッドについては、https://docs.python.jp/3/library/turtle.html を参照してください。

turtleのメソッドを含むPythonに関する完全な解説は、https://docs.python.jp/3/ 以下にあるドキュメントに記載されています。

次の一連の動作をプログラムとして記述してみましょう。

- カメを表示する
- カメを100だけ前へ移動する
- カメの進行方向を60°右に曲げる
- カメのペンを上げる
- カメを100だけ前へ移動する
- カメの進行方向を60°右に曲げる
- カメのペンを下げる
- カメを100だけ前へ移動する
- カメの進行方向を60°右に曲げる
- カメのペンを上げる
- カメを100だけ前へ移動する
- カメの進行方向を60°右に曲げる
- カメのペンを下げる
- カメを100だけ前へ移動する

1.7 タートルグラフィックス

できあがったプログラムリストを次に示します。

リスト1.7●kame3.py

```
import turtle
kame=turtle.Turtle()
kame.shape('turtle')
kame.forward(100)
kame.right(60)
kame.penup()
kame.forward(100)
kame.right(60)
kame.pendown()
kame.forward(100)
kame.right(60)
kame.penup()
kame.forward(100)
kame.right(60)
kame.pendown()
kame.forward(100)
```

プログラム kame3 の実行結果は次のようになります。

図1.12●カメのペンを上げ下げして描いた例

■ 練習問題 ■

1.1 Pythonで式「(2.3 × 3.1+6.6) ÷ 1.5」の結果を出力してください。

1.2 Pythonで、「こんばんは、今日は月曜日です。」と出力してください。

1.3 カメを使って正方形を描いてください。

1.4 カメを使って正六角形を描いてください。

1.5 カメを使って台形を描いてください。

第2章

変数と演算

プログラムの中では、変数と呼ぶものに数値や文字列を保存しておくことができます。また、プログラムの中に式を書いて計算をさせることができます。ここでは、プログラムにおける式と、数値や文字列、および、プログラムで使うさまざまなものを保存できる変数について学びます。

2.1 式

第 1 章の最初でみたように、初歩の数学（算数）で使われるような平易な式は、Python ではほぼそのまま使うことができます。

◆ **単純な式** ・・・ ◆

たとえば、最も簡単な次の式を見てください。

　1 + 2

これは Python でも使える式です。

```
>>> 1+2
3
>>>
```

これで式「1+2」が 3 であると計算されたことがわかりました。

式を計算したり比較を行うために式の値を決定することを、プログラミングの用語では「式を評価する」といいます。

しかし、これでは表示される結果は「3」という数値だけなので、結果だけを見たときにわけがわからない可能性があります。そこで、次に出力する内容が「1+2=3」となるようにしてみましょう。

◆ 関数 print() の中の式

出力する内容を「1+2=3」とするには次のようにします。

```
>>> print ('1+2=', 1+2)
1+2= 3
>>>
```

第1章で「print ('Hello, Python!')」を実行したことを思い出してください。print() は、() の中のものを出力します。

この場合、文字列「1+2=」は「'」で囲んでいることに注目してください。これは文字列としてそのまま出力されます。

計算する式「1+2」は、文字列「1+2=」の後に「,」(カンマ) を続けてさらにその後に入力します。

この例のように、文字列と式を「,」で並べて print() の中に入れると、それらが続けて出力されます。このような文字列と式 (値) をカンマで区切って print() で出力するときには、() の中のものはすべて出力されます。

単に式「'1+2='+1+2」や「1+2=1+2」などを入力した場合、エラーになってしまいます。試してみましょう。

2.2 演算子と算術演算

Pythonの「+」記号は、数学と同じ意味の加算の演算子、文字列を連結する演算子、そして、値が正であることを示す記号として使われます。

この他の演算子も含めてPythonの基本的な算術演算子を見てみましょう。

◆ 基本的な演算子

算数には加減乗除の4種類の計算がありますが、Pythonにはそれに対応して4種類の演算子があります。

表2.1●基本的な算術演算子

演算子	機能	例
+	加算	1 + 2（結果は3）
−	減算	5 − 2（結果は3）
*	乗算	2 * 3（結果は6）
/	除算	12 / 4（結果は3）

 掛け算のシンボル（記号）は×ではなく「*」（アスタリスク）なので注意してください。

次にこれらの演算子を使ったプログラムの例を示します。

```
>>> print('1+2=', 1+2)
1+2= 3
>>> print('5-2=', 5-2)
5-2= 3
>>> print('2*3=', 2*3)
2*3= 6
>>> print('12/4=', 12/4)
12/4= 3.0
>>> print('12/5=', 12/5)
```

```
12/5= 2.4
>>>
```

 バージョン3より前の整数の除算（/）では、結果は整数に切り捨てられるので注意する必要があります。

◆ その他の算術演算子

除算（割り算）の余りやべき乗のようなより高度な算術演算を行いたいときには、次のような特別な記号を使います。

表2.2● その他の算術演算子

演算子	機能	例
%	除算の余り	7 % 3（結果は1）
**	累乗	3 ** 2（結果は9）

次にいくつかの例を示します。

```
>>> print('7 % 3=', 7 % 3)
7 % 3= 1
>>> print('9 % 3=', 9 % 3)
9 % 3= 0
>>> print('3**2=', 3**2)
3**2= 9
>>> print('3.14**2=', 3.14**2)
3.14**2= 9.8596
```

この他に not、and、or という論理演算子やその他の演算子があります。以下では、この段階で知っておくと良い主な演算子を紹介します（これらの演算子は第5章でも説明するので、ここではこのようなものがあるととらえておけば十分です）。

◆ 関係演算子

関係（比較）演算子は、演算子の左辺と右辺の値を比較するための演算子です。比較した結果はブール型の値（True または False。本書 2.4 節参照）になります。

表2.3●関係演算子

演算子	機能	例
<	小なり	a < b (aがbより小さいときに結果はTrue)
<=	小なり等価	a <= b (aがbより小さいか同じときに結果はTrue)
>	大なり	a > b (aがbより大きいときに結果はTrue)
>=	大なり等価	a >= b (aがbより大きいか同じときに結果はTrue)
==	等価	a == b (aとbは同じ)
!=	不等	a != b (aとbは同じではない)

関係演算子の使い方については第 5 章で説明します。

◆ 代入演算子

代入演算子は、演算子の右辺の値を左辺の変数に代入するための演算子です。演算と同時に代入できる複合代入演算子もあります。

表2.4●代入演算子

演算子	機能	例
=	代入	a = b (bの値をaに代入する)
+=	加算代入	a += b (aの値にbの値を加算してaに代入する)
−=	減算代入	a −= b (aの値からbの値を減算してaに代入する)
*=	乗算代入	a *= b (aの値にbの値を乗算してaに代入する)
/=	除算代入	a /= b (aの値をbの値で割った結果をaに代入する)
%=	余りの代入	a %= b (aの値をbの値で割った余りをaに代入する)

演算と同時に代入できる複合代入演算子は、算術演算と代入演算の 2 つを 1 つの演算子で同時に行います。たとえば、変数 a に b を加える式は 2 つの演算子を使って次のように書くことができます。

```
a = a + b
```

これは複合代入演算子を使うと、次のように1つの演算子で表現することができます。

```
a += b
```

 代入する変数名が長い場合などに複合代入演算子を使うと式が簡潔になります。

なお、pythonでは1行で複数の代入が行うことができます。このことを利用して興味深いことができます。変数aとbの2つの値を交換したいような場合に、次のようにすることができます。

```
a, b = b, a
```

これは、次の3ステップで値を入れ替えるのと同じです。

```
t = a
a = b
b = t
```

◆ 優先順位

式は原則として左から順に評価されます。たとえば、「2 + 3 – 4」という式があったら、最初に2と3を加算してその結果から4を引きます。

ただし、演算子には優先順位があって、異なる演算子がある式では次の表の順に演算が行われます。算術演算子以外の演算子を含めた演算子の優先順位を次の表に示します。

第 2 章　変数と演算

表2.5●演算子の優先順位

優先順位	演算子
高	(〜)
↑	+、−、~（+と−は単項演算子）
	**
	*、/、%、//
	+、−（+と−は算術演算子）
	<<、>>
	&
	^
	|
	<、<=、>、>=、==、!=、<>、is、is not、in、not in
	not
↓	and
低	or

　たとえば、式「2 + 3 * 4」では、「+」より「*」のほうが優先順位が高いので、最初に3 × 4を計算して、それから2を加えます。また、(〜) で囲むことによって優先順位を変えることができます。

　次の例では、最初の式「2 + 3 * 4」は3に4をかけた値に2を加えますが、次の「(2 + 3) * 4」では2に3を加えた結果に4をかけます。

```
>>> 2 + 3 * 4
14
>>> (2 + 3) * 4
20
```

今の段階でこれらの演算子とその優先順位をすべて覚える必要はありませんが、乗除算の演算子（*、/）が加減算の演算子（+、−）より優先順位が高いことや、(〜) で囲んだ式の優先順位が高いことは覚えておきましょう。

2.3 変数

プログラムの実行中に、取り扱う値に名前を付けて保存しておくことができます。これを**変数**といいます。このとき保存される値には、オブジェクトの参照も含まれます。つまり、特定のタートルのようなオブジェクトの情報を保存することもできます（厳密には変数に保存される値はオブジェクトの参照と呼ぶものです）。

◆ **変数の使い方** ────────────────────────────◆

変数は、名前を付けて値を保存しておくことができるものです。次の例は、2×3の結果を x という名前の変数に保存する例です。

```
>>> x = 2 * 3
```

Pythonでは、変数をあらかじめ宣言しておく必要はありません。また、他のプログラミング言語では厳しく区別されることがある変数の型（整数か小数点以下がある実数かなどの区別）は、今の段階では意識しなくてかまいません。このことについては後でまた説明します。

次のようにすると、変数 x に値を保存した上で、その値を出力することができます。

```
>>> x = 2 * 3
>>> print( x )         # 単にxでもかまいません。
6
```

「x = 2 * 3」のように値を保存するときの「=」（イコール）は、「同じである」（等価である）ことを示すのではなく、右辺を計算した結果を左辺の変数に代入することを示します。そのため、x があらかじめ使われていれば、次のような式を書くこともできます。

```
>>> x = x + 1
>>> print( x )
7
```

「x = x + 1」は数学の代数では成り立ちません。なぜなら、右辺と左辺の値が同じでないからです。しかし、Pythonのプログラミングでは、「=」は代入を表すので、式「x=x+1」が成り立ちます。

◆ 変数の初期化

変数は、宣言と同時に初期化（最初の値を設定）することができます。

```
>>> x = 0
>>> print (x)
0
```

1つの式で複数の変数に値を代入することもできます。

```
>>> x = y = z = 0
>>> print (x)
0
>>> print (z)
0
```

ただし、複数の代入の途中に式を入れるとシンタックスエラー（SyntaxError）になります。

```
>>> x = y + 1 = 3
  File "<stdin>", line 1
SyntaxError: can't assign to operator
```

2.4 Pythonの変数と式の特性

Pythonの変数には、任意の型の値を保存できます。

◆ Pythonの変数の特性

他のプログラミング言語では、一般的に、値の型（タイプ）を重視します。たとえば、整数と実数は別の型であるものと考えて区別します。また、特定の変数には特定の型の値しか保存できないようにするのが一般的です。たとえば、数値を保存するための変数には文字列は保存できませんし、文字列を保存するための変数に途中から数値を保存することはできません。しかし、Pythonでは、整数と実数を原則として区別せず、また、Pythonの変数には、矛盾が生じない限り、後で別の種類の値を入れることができます。

次の例では、最初に数値を保存した変数 x に、後から文字列を保存しています。

```
>>> x = 2 * 3
>>> print( x )
6
>>> x = 'Hello'
>>> print( x )
Hello
```

変数には値や文字列だけでなくオブジェクトも保存することができます。たとえば、1つの変数にリストという一連の値を保存することもできます。その例は後の章で学びます。

◆ 変数名

変数などの名前に使える文字は、英数文字と「_」（アンダースコア）です。Pythonでは、原則として名前やキーワードの大文字／小文字を区別するので、次の例に示すように、「Abc」と「ABC」と「abc」はそれぞれ異なる変数とみなされます。

```
>>> Abc = 123
>>> ABC = 'ABC'
>>> abc = 3.14
>>> print( Abc )
123
>>> print( ABC )
ABC
>>> print( abc )
3.14
```

バージョンによっては日本語などのUnicode文字を変数名に使うことができます。

```
>>> 名前="ポチ"
>>> print(名前)
ポチ
>>> 名前
'ポチ'
>>>
```

しかし、現状ではプログラムの互換性を考慮して日本語の名前は使わないほうがよいでしょう。

◆ 文字列型

ある変数には、数値でも文字列でも区別なく保存する（代入する）ことができます。

```
>>> a = 6
>>> a = '文字列'
```

しかし、文字列と数値の両方がある式はそのままでは計算できません。たとえば、文字列「" 円周率 ="」に数値 3.14 をつなげて代入しようとすると、次のようにエラーになります。

```
>>> a = "円周率=" + 3.14
Traceback (most recent call last):
  File "<stdin>", line 1, in <module>
TypeError: can only concatenate str (not "float") to str
```

これを避けるには、次のように str() という名前の関数と呼ぶものを使って数値を文字列に変換してから文字列としてつなげます。

```
>>> a = "円周率=" + str(3.14)
>>> a
'円周率=3.14'
```

str() は引数の値（かっこの中の値）を文字列型に変換する関数です。関数については第 4 章で説明します。

Python ではデータ型について寛容ですが、1 つの式の中に文字列と数値を混在させることはできません。文字列と数値を 1 つにしたい場合は必ず str() を使って数値を文字列に変換します。

◆ ブール型

数値を保存したり表現する他に、真偽値（ブール型、Boolean）を使うこともできます。真偽値とは、真（True、論理的に正しい）と偽（False、論理的に間違っている）で表される値で、後の章で説明する制御構文でよく使われます。

Python では True/False のように先頭の文字は大文字にします。

次の例を見てください。

```
>>> 2 > 4
False
>>> 2 < 4
True
>>>
```

「2 > 4」（2 は 4 より大きい）は論理的に間違っているので偽（False）です。一方「2 < 4」（2 は 4 より小さい）は論理的に正しいので真（True）です。

真偽値も変数に保存することができます。次の例は変数 b に真（True）を代入した例です。

```
>>> b = True
>>> b
True
```

True や False はそれぞれ 1 つの値です。「b = 'True'」としてしまうと「True」が文字列として保存されてしまうので注意してください。

2.5 タートルで遊ぼう

変数の値を変更するプログラムを作ります。

◆ 変数の値の変更

タートルの移動距離を変数 l に、回転する角度を変数 r に保存することにして、l と r の値を少しずつ小さくしてゆくプログラムを作ってみましょう。

リスト2.1 ● kame21.py

```
import turtle
kame=turtle.Turtle()
kame.shape('turtle')

l=150
kame.forward(l)

r=60
l=l-30
kame.left(r)
kame.forward(l)

l=l-10
kame.left(r)
kame.forward(l)

r=r-10
l=l-10
kame.left(r)
kame.forward(l)

r=r-10
l=l-10
kame.left(r)
kame.forward(l)
```

実行結果は次のようになります。

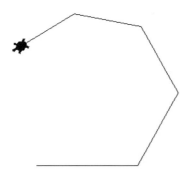

図2.1●「タートルで遊んでみよう」の実行結果

lとrの値を変えて、さらにコードを追加してみましょう。

■練習問題■

2.1 半径が 5.0 の円の面積を計算してください。

2.2 値 12.34 の自乗を計算してください。

2.3 値 123.4 を 23 で割った商と余りを計算してください。

第3章

リスト

同じ種類の値をいくつも並べて扱いたいことがあります。このようなときに、リストを使うと便利です。ここでは、リストとその使い方の例を説明します。

3.1 数値のリスト

リストとは、文字通り値を並べたものです。

◆ リスト

変数に1、2、3という3種類の値を代入したいとします。これまでの方法を使うとすると、次のようにするでしょう。

```
>>> x = 1
>>> y = 2
>>> z = 3
```

この方法では3個の別の名前の変数が必要になります。しかし、リストというものを使うと、次の1行で1つの変数に3個の値を保存できます。

```
>>> a = [1, 2, 3]
```

これで、aという1つの変数に3個の値を保存することができます。

 他のプログラミング言語で配列という概念で取り扱うものを、Pythonではリストで扱います。配列とリストの違いは、リストはオブジェクトであり、その内容をメソッドというものを使って操作できるという点です。メソッドについては後で説明します。

このとき、保存した最初の値は、a[0]で表されます。

```
>>> a[0]
1
```

同様に、2 番目と 3 番目の値は a[1] と a[2] で表されます。

```
>>> a[1]
2
>>> a[2]
3
```

 Python では、原則として要素は 0 から数えます。そのため、a に保存されている最初の値は a[0] になります。

次に示すように、リストの要素には式を記述することもできます。

```
>>> a = [2*3, 2+1, 7/4]
>>> a[0]
6
>>> a[1]
3
>>> a[2]
1.75
```

さらに、要素にリストを指定して、リストを入れ子にすることもできます。

```
>>> a = [1, [2,3],4]
>>> a[1]
[2, 3]
```

◆ リストの内容変更

リストの内容を変更するには、単にインデックスを指定してその内容を変更します。次の例では、一旦定義したリストの最初の要素の値を、後から変更しています。

```
>>> a = [1,2,4,5,8]
>>> a
[1, 2, 4, 5, 8]
>>> a[0] = 0
>>> a
[0, 2, 4, 5, 8]
```

さらには、コロンを使って、インデックスで指定した範囲のリストを取り出すこともできます。このとき、インデックスは

取り出す最初の要素のインデックス：取り出す最後の要素の次のインデックス

で指定します。つまり、5つの要素を持つリストを定義した後、a[1:3]で要素を取り出すと、a[1]とa[2]が取り出されます。

```
>>> a = [0,2,4,5,8]
>>> a
[0, 2, 4, 5, 8]
>>> a[1:3]
[2, 4]
>>> a[1:2]
[2]
>>> a[0:4]
[0, 2, 4, 5]
```

このときのリストのインデックスは、次のような図を考えるとわかりやすいでしょう。

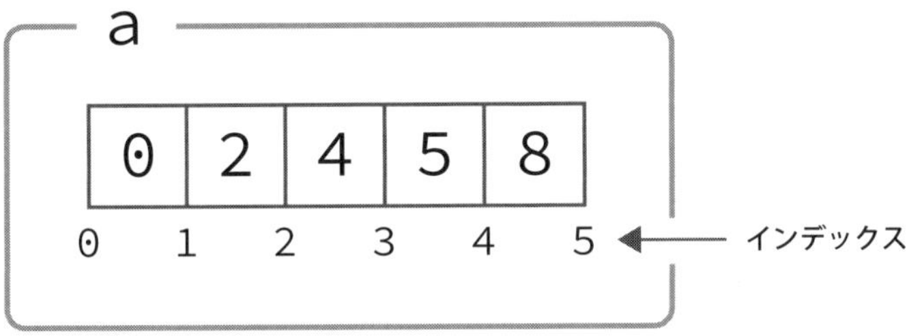

図3.1●リストのインデックス

インデックスには負の数も使うことができます。たとえば、次のようにします。

```
>>> a = [0,2,4,5,8]
>>> a[-3]                  # 後ろから3番目
4
>>> a[1:-2]                # 前から2番目から後ろから3番目までの範囲
[2, 4]
>>>
```

コロンを使って範囲を指定して内容を変更するような操作はできません。次の例はエラーになる例です。

```
>>> a[2:3]=0
Traceback (most recent call last):
  File "<stdin>", line 1, in <module>
TypeError: can only assign an iterable
```

3.2 文字列リスト

リストの内容は数値である必要はありません。

◆ 文字列のリスト

リストには文字列も保存できます。次に 3 つの文字列を dogs という名前の変数に保存する例を示します。

```
>>> dogs = ['Pochi', 'Pera', 'Kenta']
>>> dogs[0]
'Pochi'
>>> dogs[2]
'Kenta'
```

文字列の内容は自由なので、アドレスやフォルダ名など記号や空白を含む文字列も保存できます。E メールアドレスや URL の管理をするのにとても便利です。次の例は、メールアドレスを保存する例です。

```
>>> mail = ['dog@wan.cam', 'cat@nyaa.ca.jp' ]
>>> mail [0]
'dog@wan.cam'
>>> mail [1]
'cat@nyaa.ca.jp'
```

リストの定義の際に要素を「+」記号を使って連結したり、リストの要素を「+」記号を使って連結することもできます。

```
>>> hello = ['hello, '+'Python', 'Book']
>>> hello
['hello, Python', 'Book']
>>> print (hello[0]+' '+hello[1])
```

```
hello, Python Book
```

文字列のリストも、数値のリスト同様にインデックスで変更したり、範囲を指定して取り出したりすることができます。

```
>>> dogs = ['Pochi', 'Pera', 'Kenta']
>>> dogs
['Pochi', 'Pera', 'Kenta']
>>> dogs[0:2]
['Pochi', 'Pera']
```

3.3 混在リスト

1つのリストに保存する型は限定されていません。いいかえると、1つのリストに型の異なる値を保存することができます。

◆ 数値と文字列の混在リスト

1つのリストに数値と文字列など異なる型を保存することができます。次に例を示します。

```
>>> a = [100, 'Dog', 12.34, 'Cat']
>>> a
[100, 'Dog', 12.34, 'Cat']
>>> a[1]
'Dog'
>>> a[2]
12.34
>>> a[0]
100
```

さらに、リストの中にリストを保存することもできます。そのため、次のような名前と年齢をペアにしたリストのデータをリストの要素として保存することもできます。

```
>>> member = [ ['Yamada', 23], ['Honda', 32], ['Tommy', 25] ]
>>> member
[['Yamada', 23], ['Honda', 32], ['Tommy', 25]]
>>> member[2]
['Tommy', 25]
>>> member[1][1]        # 2番目の要素の中の2番目の要素
32
```

混在リストも、文字列のリストや数値のリスト同様にインデックスで変更したり、範囲を指定して取り出したりすることができます。

3.4 関数とメソッド

関数やメソッドと呼ぶものを使ってリストを調べたり操作できます。

◆ 関数

あるリストがあったときに、その中の要素数を知りたいときには、len() という長さを調べる機能を持ったものを使うことができます。

```
>>> a= [1,2,3,4,5,6,7]
>>> len (a)
7
```

このように、あるオブジェクトの値に依存して決まる値を返すものを関数と呼びます。

上の例では、リストの変数の長さ（リストの場合は要素数）を返す関数 len() を a に対して実行した例です。

　Python で標準で使える関数はたくさんあり、さらに、プログラマが自分で作ることもできます。

 関数については第 4 章でさらに詳しく学びます。

◆ メソッド

　リストの内容そのものを変更することもできます。たとえば、数値のリストに対して sort() を使うと、リストの内容を小さい順に並べ替えることができます。

```
>>> a=[2, 5, 1, 8, 3]
>>> a
[2, 5, 1, 8, 3]
>>> a.sort()
>>> a
[1, 2, 3, 5, 8]
>>>
```

　また、たとえば、文字列のリストに対して sort() を使うと、リストの内容をアルファベット順に並べ替えることができます。

```
>>> dogs = ['Pochi', 'Pera', 'Kenta']
>>> dogs
['Pochi', 'Pera', 'Kenta']
>>> dogs.sort()
>>> dogs
['Kenta', 'Pera', 'Pochi']
```

　この場合、sort() はリストの内容そのものを変更します。このように、オブジェクト（プログラミング上の「もの」）に対して何らかの作用を与えるものをメソッドといいます。

また、メソッドは必ず（オブジェクト）.（メソッド）のようにピリオドをはさんでオブジェクトの後に指定します。

オブジェクトに対して使えるメソッドもたくさんあり、さらに、プログラマが自分で作ることもできます。

第1章からタートルグラフィックスで使ってきた forward() や left() などのメソッドは、Turtle という種類のオブジェクトに作用するメソッドでした。

既存のリストに要素を追加したいときには、メソッド append() を使います。次の例は、dogs に「Cream」を追加する例です。

```
>>> dogs = ['Pochi', 'Pera', 'Kenta']
>>> dogs
['Pochi', 'Pera', 'Kenta']
>>> dogs.append('Cream')
>>> dogs
['Pochi', 'Pera', 'Kenta', 'Cream']
>>> dogs.sort()
>>> dogs
['Cream', 'Kenta', 'Pera', 'Pochi']
>>>
```

メソッドについても後の章でさらに詳しく学びます。ここでは、言葉と意味を覚えましょう。

3.5 辞書型

辞書とは、2つの対応する値のペアを保存するものです。

◆ 辞書（Dictionary）

辞書とは、キーと呼ぶ特定の値とそれに対応する値のペアを保存したものです。たとえば、英語とそれに対応する日本語、市外局番とそれに対応する市町村名など、値のペアを保存したものが辞書です。キーは重複することはできません（1つのキーに対してそれに対応する異なる値を保存することはできません）。

キーとそれに対応する値は「:」（コロン）で区切り、このペアを{〜}で囲んで定義します。

```
>>> d={'key':'value'}
>>> d
{'key': 'value'}
```

複数のペアを{〜}を使ってリストと似た形式で複数のキーと値を定義できます。また、辞書の個々の要素は、リストと似た形で参照できます。

次の例は、動物に関する英語とそれに対応する辞書の例です。

```
>>> animal = { 'dog':'犬', 'cat':'猫', 'fox':'きつね' }
>>> animal['dog']
'犬'
>>> animal['cat']
'猫'
```

次の例は市外局番と市の名前の辞書の例です。ただし、市外局番の先頭の0は省略しています。

第3章 リスト

```
>>> areacode = { 11:'札幌市', 3:'東京都', 45:'横浜市',6:'大阪市' }
>>> areacode
{3: '東京都', 11: '札幌市', 45: '横浜市', 6: '大阪市'}
>>> areacode[3]
'東京都'
>>> areacode[6]
'大阪市'
>>> areacode[88]
Traceback (most recent call last):
  File "<stdin>", line 1, in <module>
KeyError: 88
```

最後に88（市外局番088）を検索したときに「KeyError: 88」というエラーになっている点に注目してください。辞書に登録していないキーで値を検索しようとすると、このようにエラーになります。

辞書の要素を変更したり追加するときには、単にキーを指定して値を代入します。たとえば、キー88に対する値「高知市」を追加するには、次のようにします。

```
>>> areacode[88] = '高知市'
>>> areacode
{11: '札幌市', 3: '東京都', 45: '横浜市', 6: '大阪市', 88: '高知市'}
```

辞書の値には、必要に応じて異なる型の値を設定することができます。次の例は、キーが'dog'である要素に最初に文字列で「犬」を定義した後で、キー'dog'に対して数値を設定した例です。

```
>>> animal = { 'dog':'犬', 'cat':'猫', 'fox':'きつね' }
>>> animal['dog'] = 123
>>> animal
{'dog': 123, 'cat': '猫', 'fox': 'きつね'}
```

3.6 タートルで遊ぼう

タートルグラフィックスでリストを使ってみましょう。

◆ 値のリストを使う

タートルの移動距離をリスト l に、回転する角度をリスト r に保存することにして、l と r の値を使ってタートルを動かすプログラムを作ってみましょう。

リスト3.1 ● play3.py

```python
import turtle
kame=turtle.Turtle()
kame.shape('turtle')

l = [150, 60, 50, 40, 30]
r = [ 60, 55 , 50 ,45]
kame.forward(l[0])
kame.left(r[0])
kame.forward(l[1])
kame.left(r[1])
kame.forward(l[2])
kame.left(r[2])
kame.forward(l[3])
kame.left(r[3])
kame.forward(l[4])
```

実行結果は次のようになります。

図3.2●実行結果

lとrの値を追加して、さらにコードを追加してみましょう。

■練習問題■

3.1 10以下の奇数のリストを作って3番目の要素を出力してください。

3.2 1から6までの値の階乗のリストを作ってください。

3.3 名前と電話番号のリストを作ってください。

第4章

関 数

関数はまとめた一連のコードに名前を付けたものです。
同じコードを繰り返して使う時に関数は特に役立ちます。
ここでは関数について学びます。

4.1 関数

プログラミングでは、関数を使う目的がいくつかあります。

◆ 値を返す関数

数学では、関数は、特定の入力値に対してなんらかの結果を返すものです。プログラミングでも、なんらかの値を返すものとして関数を定義することはよくあります

第3章でみたように、あるリストがあったときに、その中の要素数を知りたいときには、len() という長さを調べる関数を使うことができます。

```
>>> a= [1,2,3,4,5,6,7]
>>> len (a)
7
```

このように、関数に渡す値（この場合は a、引数またはパラメータと呼ぶ）に対応して何らかの値を返すものを関数と呼びます。

また、1.5節「入力」で使った input() も関数です。input() は次のように使いました。

```
x = input(' Name? ')
print('Hello, ', x)
```

x には input() が返した値（この場合はユーザーが入力した名前）が保存されました。

これもあらかじめ定義されている値を返す関数を使う代表的な例ですが、引数と返される値の間に特定の関係はありません。

◆ 繰り返して行う処理

　関数には、別の使い方もあります。それは、同じような処理や操作を繰り返し何度も行うときに、繰り返し何度も行う部分を関数という名前を付けたひとまとまりのプログラムコードにまとめる方法です。

　ここで、「半径が 3、5、7、11 の円の面積を求めてそれぞれ表示する」というプログラムを、これまで学んだ知識だけで実行するものとします。次のようにするでしょう。

```
>>> a = 3.0 * 3.0 * 3.14
>>> print( '半径3の面積=', a)
半径3の面積= 28.26
>>>
>>> a = 5.0 * 5.0 * 3.14
>>> print( '半径5の面積=', a)
半径5の面積= 78.5
>>>
>>> a = 7.0 * 7.0 * 3.14
>>> print( '半径7の面積=', a)
半径7の面積= 153.86
>>>
>>> a = 11.0 * 11.0 * 3.14
>>> print( '半径11の面積=', a)
半径11の面積= 379.94
```

　これはこれで間違いないのですが、これは次のコードの x をそのたびに変えているだけで、後は同じことの繰り返しです。そのため、コード全体は冗長になってしまいます。

```
a = x * x * 3.14
```

　そこで、この式「x * x * 3.14」を何度でも呼び出して使えるようにしようとするものが関数です。

4.2 関数を作る

ここでは単純な関数を作ってみます。

◆ 関数の定義

前の例のように同じことを繰り返すのはやめて、「半径がrの円の面積を求める」というプログラムコードを、関数という1つのまとまったコードとしてまとめてみましょう。

関数を定義するときの形式は次の通りです。

```
def 関数名([引数]) :
    関数の内容
```

関数には、一般的にその関数の機能がわかるような名前を付けます。引数は省略可能です。「def 関数名 ([引数])」の最後には「:」を付けます。こうすることによって、この構文が次に続くことを表します。

関数の内容は、この関数を呼び出したときに実行されるコードですが、特に重要なことは、関数の内容を関数定義の先頭（def …）より右側にずらして入力するということです。行の先頭を右にずらすには、行の先頭に空白を入れます。このように、行の先頭に空白を入れることをインデントといい、Pythonではインデントすることでその行が前の行の中に論理的に含まれることを意味します。

インデントするときには空白を数個（3個程度）使うのが普通ですが、空白は1個以上であれば任意の数でかまいません。また、タブ文字を使うこともできます。ただし、1つのプログラムを通して決まった数の空白を使うことが推奨されています。

このようにして名前を付けて関数をあらかじめ定義しておくと、後で何度でも呼び出すことができます。

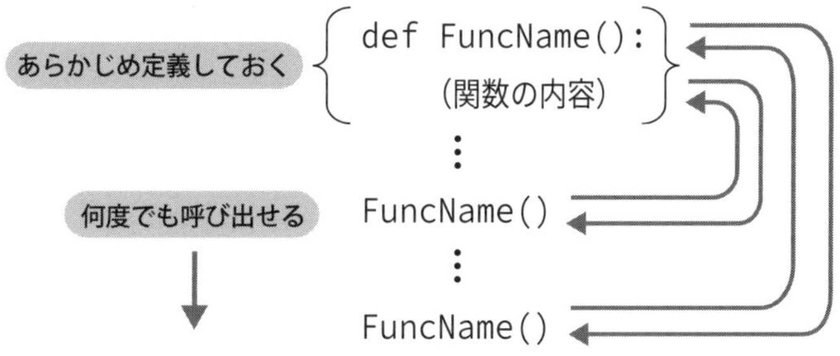

図4.1●関数

> **Point**
> 関数は、名前を付けたひとまとまりのコードで、プログラムの他の部分から呼び出して実行することができるものです。関数の中のコードの実行が終わると、呼び出されたところに実行の制御が戻ります。また、関数は必要なだけ何度でも呼び出すことができます。

　ここでは、関数に CircleArea という名前を付けることにしましょう。関数の内容は、この場合は、「半径が r の円の面積を求めてそれを表示する」というプログラムコードです。この場合、引数はないので、関数名の後の (〜) の内容は空です。

```
def CircleArea() :
  a = r * r * 3.14
  print( '半径', r, 'の面積=', a)
```

実際に入力するときには次のようになります。

```
>>> def CircleArea() :
...     a = r * r * 3.14
...     print( '半径', r, 'の面積=', a)
...
>>>
```

　行頭の「...」は、ブロック（この場合は関数定義）が続いていることを表すプロンプトです。「...」の直後で **Enter** を押すと、行の継続は中止され、通常のプロンプト（>>>）が表示されます。

関数を呼び出すときには、あらかじめ必要な変数に値を設定しておいてから、関数名の最後に () を付けます。たとえば、「半径が r = 3 の円の面積を求めてそれを表示する」であるとすると、次のようになります。

```
>>> r=3
>>> CircleArea()
半径 3 の面積= 28.26
```

この関数を使って、前にやった一連の計算を書き換えると、次のようになります。

```
def CircleArea() :
   a = r * r * 3.14
   print( '半径', r, 'の面積=', a)

r=3
CircleArea()
r=5
CircleArea()
r=7
CircleArea()
r=11
CircleArea()
```

Python インタープリタでの実行結果は次のようになります。

```
>>> def CircleArea() :
...    a = r * r * 3.14
...    print( '半径', r, 'の面積=', a)
...
>>> r=3
>>> CircleArea()
半径 3 の面積= 28.26
>>> r=5
>>> CircleArea()
半径 5 の面積= 78.5
>>> r=7
>>> CircleArea()
半径 7 の面積= 153.86
```

```
>>> r=11
>>> CircleArea()
半径 11 の面積= 379.94
>>>
```

この場合は、面積を計算するというプログラムコードを1つにまとめることができました。プログラムコードを1つにまとめることで、間違いを探して直す（デバッグ）の手間が減ったり、より確実なプログラムを作成することができるようになります。

 関数を記述する（入力する）場所は関数を呼び出す前と決まっています。

これで良いのですが、関数を呼び出すたびに変数 r に数値を指定するのは煩雑です。次にこの点を改善してみましょう。

◆ **関数の引数** ◆

関数の定義の形式について見直してみましょう。

```
def 関数名([引数]) :
    関数の内容
```

先ほど定義した関数では省略しましたが、引数（パラメータ）を介して外部から値を渡すことができるように関数を定義することもできます。引数は1つだけでなく、必要に応じて複数指定することができます。

関数に引数を指定できるようにすると、先ほど示した円の面積を求めるプログラムはもっと簡潔になります。CircleArea() を次のように定義し直してみましょう。

```
def CircleArea(r) :
    a = r * r * 3.14
    print( '半径', r, 'の面積=', a)
```

実際に入力するときには次のようになります。

```
>>> def CircleArea(r) :
...     a = r * r * 3.14
...     print( '半径', r, 'の面積=', a)
...
>>>
```

すると、関数を呼び出す前に変数 r に数値を指定する必要がなくなり、次のように関数を呼び出す際に引数に半径の値を渡して面積を計算して出力することができます。

```
>>> CircleArea(3)
半径 3 の面積= 28.26
>>> CircleArea(5)
半径 5 の面積= 78.5
>>> CircleArea(7)
半径 7 の面積= 153.86
>>> CircleArea(11)
半径 11 の面積= 379.94
>>>
```

引数は複数でもかまいません。たとえば、a と b という 2 個の値を受け取って加算した結果を返す（return する）関数 addTwo は、次のように定義することができます。

```
def addTwo(a, b):
    return a + b
```

Python インタープリタでの実行結果は次のようになります。

```
>>> def addTwo(a, b):
...     return a + b
...
>>> addTwo(2,3)
5
```

Note Pythonに標準で提供されている関数の中にも、複数の引数を指定できるものがあります。たとえば、print()には複数の引数を指定できます。print()の引数はすべて自動的に文字列に変換されて連続して出力されます。

```
>>> print("円周率は", 3.14, 'だよ')
円周率は 3.14 だよ
```

4.3 タートルで遊ぼう

タートルグラフィックスで関数を使ってみましょう。

◆ カメを描く関数

倍率 mag で矢印を描くという機能を持った関数 drawArrow() を作成して、倍率を変えて何度も呼び出すプログラムを作成してみましょう。drawArrow() はたとえば次のようにします。

```
def drawArrow():
    kame.forward(20 * mag)
    kame.left(90)
    kame.forward(5 * mag)
    kame.right(120)
    kame.forward(20 * mag)
    kame.right(120)
    kame.forward(20 * mag)
    kame.right(120)
    kame.forward(5 * mag)
    kame.left(90)
    kame.forward(20 * mag)
```

第4章 関数

この関数を次のように実行すると、1つの矢印が描かれます。

```
>>> import turtle
>>> kame=turtle.Turtle()
>>> kame.shape('turtle')
>>> def drawArrow():
...     kame.forward(20 * mag)
...     kame.left(90)
...     kame.forward(5 * mag)
...     kame.right(120)
...     kame.forward(20 * mag)
...     kame.right(120)
...     kame.forward(20 * mag)
...     kame.right(120)
...     kame.forward(5 * mag)
...     kame.left(90)
...     kame.forward(20 * mag)
...
>>> mag = 3
>>> drawArrow()
>>>
```

図4.2●1個の矢印

たくさんの矢印を描くプログラムを作るとすると、全体は次のようになります。

リスト4.1●play4.py

```
import turtle
kame=turtle.Turtle()
kame.shape('turtle')
```

```
def drawArrow():
  kame.forward(20 * mag)
  kame.left(90)
  kame.forward(5 * mag)
  kame.right(120)
  kame.forward(20 * mag)
  kame.right(120)
  kame.forward(20 * mag)
  kame.right(120)
  kame.forward(5 * mag)
  kame.left(90)
  kame.forward(20 * mag)

mag = 1
drawArrow()
mag = 2
drawArrow()
mag = 3
drawArrow()
mag = 4
drawArrow()
```

実行結果は次のようになります。

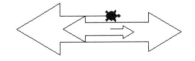

図4.3●play4.pyの実行結果

　magの値を変えて、さらにコードを追加してみましょう。また、magをdrawArrow()の引数にして、magの値をいちいち設定せずに、関数を呼び出すときに倍率を指定できるようにしてみましょう。

■練習問題■

4.1 一辺の長さが 3、5、7、11 の正方形の面積を関数を使って求めてそれぞれ表示してください。

4.2 横線を 5 本描くプログラムを関数を使って作成してください。

4.3 大きさの異なる長方形を 5 個描くプログラムを関数を使って作成してください。

第5章

制御構文

プログラムはリストの上から順番に実行する他に、順序を変えたり繰り返して実行することができます。このような実行の順序を制御する文を制御構文といいます。

この章では、制御構文を使ったより複雑なプログラムの作り方を学びます。

5.1 実行制御と演算子

　演算子とは、なんらかの演算を行うためのシンボルです。実行制御では関係演算子を使って条件によって実行する文（命令文や式文）を変えたり繰り返しの回数を判断したりします。

◆ 関係演算子

　比較に使う関係演算子は、2個のオブジェクトの大小関係を調べるための演算子です。Python には次のような関係演算子があります。

表5.1●関係演算子

演算子	機能
>	より大きい
<	より小さい
>=	以上
<=	以下
==	等しい
!=	等しくない

　これらの演算子の使い方は、これまで見てきた「==」や「>」と同様です。たとえば、「>=」（以上）や「!=」（等しくない）は次のように使います。

```
>>> x=0
>>>
>>> if x>=0 :
...     print( 'xはゼロ以上')
... else :
...     print( 'xはゼロ未満')
...
xはゼロ以上
>>> x = -1
```

```
>>>
>>> if x != 0 :
...     print( 'xはゼロでない')
... else :
...     print( 'xはゼロ')
...
xはゼロでない
>>>
```

◆ 論理演算子

さらに、論理値や論理演算の結果（Boolean 値、True または False）を組み合わせたり、否定するときに使う論理演算子もあります（表 5.2）。

表5.2●論理演算子

演算子	機能
&	論理AND
|	論理OR

これらの演算子は、2 つの比較の結果を組み合わせたりするときに主に使います。

```
if 条件式1 & 条件式2 :
    条件式1と条件式2が共に真であるとき実行する文
```

```
if 条件式1 | 条件式2 :
    条件式1と条件式2のいずれかまたは両方が真であるとき実行する文
```

次の最初の if 文の例は、2 つの条件が共に成り立つときに最初の文を実行し、そうでなければ else の次の文を実行します。2 番目の if 文の例は、2 つの条件のいずれかが成り立つときに最初の文を実行します。

```
>>> x=0
>>> y=0
>>>
>>> if x>0 & y>0 :
...     print( 'xもyもゼロより大きい')
... else :
...     print( 'いずれかまたは両方がゼロ以下')
...
いずれかまたは両方がゼロ以下
>>> if x==0 | y==0 :
...     print( 'xとyのいずれかがゼロ')
... else :
...     print( 'いずれもゼロでない')
...
xとyのいずれかがゼロ
>>>
```

5.2 if 文

条件文は条件式の値に応じて実行する文を決定します。

◆ 条件式の構文

Python の条件式には次に示す構文を使います。

```
if 条件式 :
    条件が真であるとき実行する文
[else :
    条件が真でないとき実行する文]
```

「条件が真である」とは条件式が満たされていることを示し、True であるともいいます。

「条件が真でない」とは、条件式が満たされていないことを示し、偽または False ともいいます。

この構文の else とそれに続く文（条件が真でないとき実行する文）は省略することができます。

条件が真であるとき実行する文の先頭は、キーワード if より右にずらして書きます。else : の後の行も else の先頭より右にずらして書きます。このようにすることで、キーワードなどの「内部にあるブロックである」ことを Python インタープリタに知らせるだけでなく、目で見てわかりやすくなります。

行の先頭を右にずらして書くことを「インデント」といいます。Python ではブロック構造をインデントで表現します。

単純な実例を見てみましょう。まず、if 文の前に次のような式があるものと仮定します。

```
x = 0
```

if 文は次のように使います。

```
>>> x=0
>>>
>>> if x == 0 :
...     print('xはゼロ')
...
xはゼロ
>>>
```

if の後の「x == 0」は条件式です。「==」（イコール 2 個）は代入演算子ではなく、同じかどうか調べる（等価比較）演算子として働きます。

このコードは変数 x がゼロの場合に「x はゼロ」を出力します。つまり、if 文の条件式（x == 0）が真のときには、後に続く「print('x はゼロ')」が実行されます。

変数 x がゼロでない場合に何か実行したいときには、else の後に書きます。

```
>>> x = 2
>>>
>>> if x== 0:
...     print('xはゼロ')
... else:
...     print('xはゼロでない')
...
xはゼロでない
>>>
```

条件式は大小の比較でもかまいません。たとえば、「xがゼロより大きい」という条件式を使いたいときには、次のようにします。

```
if x>0 :
    xがゼロより大きいときに実行するコード
else :
    xがゼロ以下のときに実行するコード
```

実行例を次に示します。

```
>>> x = 0
>>>
>>> if x>0 :
...     print('xはゼロより大')
... else :
...     print('xはゼロ以下')
...
xはゼロ以下
>>> x = 2
>>>
>>> if x>0 :
...     print('xはゼロより大')
... else :
...     print('xはゼロ以下')
...
xはゼロより大
```

5.2 if文

```
>>>
```

大小の比較は、文字列でも行うことができます。次の例は、文字列「ABC」と「abc」の大小を比較する例です。

```
>>> a = 'ABC'
>>> b = 'abc'
>>>
>>> if a>b :
...     print('大文字のほうが大きい')
... else :
...     print('大文字のほうが大きくない')
...
大文字のほうが大きくない
>>>
```

この場合、「大きい」とは文字コードの値が大きいことを意味します。文字コードとはそれぞれの文字に与えられている数値のことです。Pythonでは変数やキーワードなどと文字列の中の大文字／小文字は区別されます。

◆ elif

if文が続けて2回以上続く場合はelifを使うことができます。

```
if 条件式 :
    条件が真であるとき実行する文
elif 条件式2 :
    条件式2が真であるとき実行する文
[else :
    条件が真でないとき実行する文]
```

次に示すのは、この構文を使って、xがゼロであるか、ゼロより大きいか、またはゼロより小さいかを調べる例です。

```
>>> x = -3
>>>
>>> if x==0 :
...     print('xはゼロ')
... elif x > 0:
...     print('xはゼロより大きい')
... else :
...     print('xはゼロより小さい')
...
xはゼロより小さい
>>> x = 3
>>>
>>> if x==0 :
...     print('xはゼロ')
... elif x > 0:
...     print('xはゼロより大きい')
... else :
...     print('xはゼロより小さい')
...
xはゼロより大きい
>>> x = 0
>>>
>>> if x==0 :
...     print('xはゼロ')
... elif x > 0:
```

```
...     print('xはゼロより大きい')
... else :
...     print('xはゼロより小さい')
...
xはゼロ
>>>
```

5.3 while 文

while 文は、条件式が満たされている（真である）限り、指定したコードを繰返し実行します。

◆ while の構文

最も単純な構文は次の通りです。

```
while 条件式 :
    繰返し実行する文
```

たとえば、次の例は i が 8 未満である限り while ループでその値を出力する Python のプログラムの例です。

```
>>> i=0
>>>
>>> while i<8:
...     print(i)
...     i = i + 1
...
0
1
2
```

```
3
4
5
6
7
>>>
```

このwhileループの条件式は「i<8」で、変数iの値が7以下である限り、その後のインデントしたブロックの中のコードを実行することを示します。

繰り返して実行されるコードは、値を出力する「print(i)」と、iの値を1だけ増加する（インクリメントするという）「i = i + 1」の2つです。

繰返し実行する式の中で、continueが実行されるとwhile文の先頭に戻り、breakが実行されると繰り返しを中断することができます。これらは、最も一般的にはif...else～文とともに使います。

```
while 条件式 :
    繰返し実行する式
    if 条件式
        if文が真のときに実行する式
        continue
    else :
        if文が偽のときに実行する式
```

次の例は、繰返し実行する式の中でiをインクリメントして、その結果が奇数である（2で割った余りが1である）場合にwhileの先頭に移動し、そうでなければelseの後の式が実行されます。結果として、8以下の偶数が出力されます。

```
>>> i = 0
>>> while i < 8:
...     i = i + 1
...     if i % 2 == 1:
...         continue
...     else :
...         print(i)
...
```

```
2
4
6
8
```

break を使うと while 文を中断できるので、上のプログラムは次のように書き換えることもできます。

```
>>> i = 0
>>> while 1:
...     i = i + 1
...     if i % 2 == 1:
...         continue
...     elif (i >9):
...         break
...     else :
...         print(i)
...
2
4
6
8
```

5.4 for 文

文字列や、リスト型のようなシーケンス（つながっているもの）の内容を繰り返して処理や操作をしたいときには for 文を使います。

◆ for 文の構文

その書式は次のような書式です。

```
for val in list :
    繰り返し実行するコード
```

これは、list の中の要素に対して順に「繰り返し実行するコード」を実行します。
次の例は、i が 0 から 7 になるまで、数字を繰り返し出力します。

```
>>> for i in [0,1,2,3,4,5,6,7]:
...     print( i )
...
0
1
2
3
4
5
6
7
```

Python の組み込み関数 range() を使うと、同じことを次のように実行することもできます。

```
>>> for i in range(8):
...     print ( i )
```

```
...
0
1
2
3
4
5
6
7
```

 標準関数 range() は、指定した範囲の数列を含むリストを生成するための関数です。この場合、range(8) は [0,1,2,3,4,5,6,7] を生成します。

次の例は 4 種類の名前を出力します。

```
>>> animal = ['dog', 'cat', 'fox', 'tiger' ]
>>> animal
['dog', 'cat', 'fox', 'tiger']
>>> for a in animal :
...     print(a)
...
dog
cat
fox
tiger
>>>
```

次の例では、1、3、5、7、9 という値を半径としたときの円の面積を順に計算します。

```
>>> rc = [1,3,5,7,9]
>>> for r in rc:
...     print('半径', r, 'の面積=', r*r*3.14)
...
半径 1 の面積= 3.14
```

```
半径 3 の面積= 28.26
半径 5 の面積= 78.5
半径 7 の面積= 153.86
半径 9 の面積= 254.34
>>>
```

5.5 try 文

try 文は、例外という事象が発生したときに、対処するための文です。

◆ 例外

実行時に異常事態が発生して通常の実行が中断されたときに、例外と呼ばれるオブジェクトが生成されます。たとえば、数値をゼロで割ろうとしたり、値のオーバーフローやアンダーフローが発生したとき、あるいは、リストや辞書を参照したときに存在しない値を参照しようとしたり、ファイルを読み込んでいる途中でファイルにアクセスできなくなったりしたときなどに例外が発生します。例外が発生すると、例外オブジェクトが生成されます。

プログラムは、必要に応じて独自の例外を定義して生成することもできます。

生成された例外は「try...except ～ finally」文で扱います。

◆ try...except ～ finally 文

「try...except ～ finally」文では、例外が発生する可能性があるコードを try の後に書き、例外処理コードは except の後に書きます。

```
try :
    例外が発生する可能性があるコード
except ［例外の種類］:
    例外処理コード
[finally:
    例外が発生しても発生しなくても実行するコード]
```

　finally 文は、例外が発生しても発生しなくても必ず実行したいことがあるときに使いますが、省略可能です。finally を使うのは、たとえば、ファイルを開いて何らかの操作をするときには、すべての操作や処理が順調に終了しても、例外が発生した場合でも、いずれにしてファイルを閉じる必要があります。そのような場合に、try の後にファイルアクセスのコードを書き、finally の後にファイルを閉じるためのコードを書きます。その例は後の章で見ます。

　次の例は、ゼロで割るという例外に対処するための基本的な例です。

```
>>> x= z = 0
>>> y= 3
>>> try :
...     x = y / z
... except :
...     print(y , '/' ,z, 'は計算できません')
...
3 / 0 は計算できません
```

　このとき、すべての例外を処理するのではなく、特定の例外を処理したいときには、except を使って処理する例外の種類を指定します。

```
try
    例外が発生する可能性があるコード
except  発生した例外の種類:
    例外処理コード
```

　次の例は、割り算を行うプログラムの例です。割り算の結果、例外 ZeroDivisionError

が発生しますが、この例外だけを処理します。

```
>>> x= z = 0
>>> y= 3
>>> try :
...     x = y / z
... except ZeroDivisionError:
...     print( 'ゼロで割る計算できません')
...
ゼロで割る計算できません
```

◆ else

　実行の制御が try 節の最後まで到達したときのデフォルトの処理を記述するために、try...except...else の構造を使うこともできます。

```
try
    例外が発生する可能性があるコード
except [発生した例外の種類]:
    例外処理コード；
else:
    デフォルトの処理を実行する
```

　次の例は、try 節で例外が発生しなかった場合に、割り算の結果を出力する例です。

```
>>> x = z = 2
>>> y= 12
>>> try :
...     x = y / z
... except ZeroDivisionError:
...     print( 'ゼロで割る計算できません')
... else:
...     print( y , '/' , z, '=', x)
...
12 / 2 = 6.0
```

5.6 タートルで遊ぼう

第 4 章で描いた矢印を、for 文を使って描いてみましょう。この章では矢印の数を 5 個に増やしてみましょう。

リスト5.1●play5.py

```python
import turtle
kame=turtle.Turtle()
kame.shape('turtle')

def drawArrow(m):
  kame.forward(20 * m)
  kame.left(90)
  kame.forward(5 * m)
  kame.right(120)
  kame.forward(20 * m)
  kame.right(120)
  kame.forward(20 * m)
  kame.right(120)
  kame.forward(5 * m)
  kame.left(90)
  kame.forward(20 * m)

mag = [1, 2, 3, 5, 7]
for m in mag:
    drawArrow(m)

k = input()        # ウィンドウが自動的に閉じてしまわないようにするためのコード
```

実行結果は次のようになります。

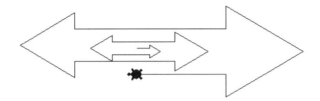

図5.1●play5.pyの実行結果

■練習問題■

5.1 文字列「ABC」と文字列「abc」が、Pythonの比較演算で等しいかどうかを示すプログラムを作成してください。

5.2 0から10までの数のうち、奇数だけを出力するプログラムを作成してください。

5.3 1、2、4、7、11というそれぞれの数の2乗を出力するプログラムを作成してください。

第6章

ファイル

Pythonのプログラムでファイルに読み書きするときには、関数 open() を使ってファイルを開き、ファイルにデータを保存したり、ファイルからデータを読み込みます。ここではファイルへのアクセスの方法を学びます。

6.1 ファイルへの書き込み

ここでは最初に単純にファイルに文字列を書き込む手順を見てみましょう。

◆ ファイルへのテキストの出力

最初に、ファイル名とファイルのモード（書き込みのときには 'w'）を引数として、関数 open() を呼び出します。

```
f = open('text.txt', 'w')
```

'text.txt' がファイル名で、'w' は書き込み（write）モードであることを表します。このとき、返されるファイルを識別する値を変数（この例では f）に保存しておきます。

次に、ファイルのメソッド write() を使ってファイルに文字列を書き込みます。

```
f.write('Hello, Python!')
```

最後にメソッド close() を使ってファイルを閉じます。

```
f.close()
```

スクリプトファイルにすると、次のようになります。

リスト6.1 ● write.py

```
f = open('text.txt', 'w')
f.write('Hello, Python!')
f.close()
```

Python インタープリタで実行するなら、次のようにします。

```
>>> f = open('text.txt', 'w')
>>> f.write('Hello, Python!')
14
>>> f.close()
```

これで、カレントディレクトリに、内容が「Hello, Python!」であるファイル text.txt ができます。

図6.1●作成されたファイルをメモ帳で開いた例

カレントディレクトリ

カレントディレクトリは、現在作業しているディレクトリの意味です。Python のインタープリタ（インタラクティブシェル）からカレントディレクトリを調べるときには、os モジュールをインポートして os のメソッド getcwd() を呼び出します。

```
>>> import os
>>> os.getcwd()
'C:¥¥Python32'
```

ファイルを開くときに指定するファイル名を「text.txt」だけの（相対的な）パス名にすると、カレントディレクトリに保存されます。
アクセス権限があるディレクトリであればファイル名として完全な名前（完全修飾パスまたは完全パスという）を指定してもかまいません。たとえば、「C:¥PythonXY¥test.txt」や「/user/username/test.txt」、「/home/username/test.txt」のような、ドライブ名やルートディレクトリから始まってファイル名までの完全な名前を完全修飾パスまたは完全パスといいます。

2行以上のテキストを出力したり、行の最後に改行の制御文字を入れたいときには、¥nを挿入します。

```
>>> f = open('text1.txt', 'w')
>>> f.write(' Hello, Python!¥nHappy dogs.¥n')
28
>>> f.close()
```

これで、text1.txt の内容は次のようになります。

```
Hello, Python!
Happy dogs.
```

改行は '¥n' で表します。

◆ファイルへの追加

既存のファイルの最後に追加して書き込みたいときには、既存のファイル名とファイルのモードとして 'a'（append の略）を引数として、関数 open() を呼び出します。

```
f = open('text.txt', 'a')
```

この場合も、返されるファイルを識別する値を変数（この例では f）に保存しておきます。

次に、ファイルのメソッド write() を使って通常の出力と同様にファイルに文字列を書き込みます。

```
f.write('Happy dogs.')
```

最後にメソッド close() を使ってファイルを閉じます。

```
f.close()
```

スクリプトファイルにすると、次のようになります。

リスト6.2●append.py

```
f = open('text.txt', 'a')
f.write('Happy dogs.')
f.close()
```

Pythonインタープリタで実行するなら、次のようにします。

```
>>> f = open('text.txt', 'a')
>>> f.write('Happy dogs.')
11
>>> f.close()
```

これで、内容が「Hello, Python!」であるファイル text.txt にテキストが追加されて、ファイル text.txt の内容が「Hello, Python! Happy dogs.」になります。

図6.2●追加したファイルをメモ帳で開いた例

前の行の最後で改行して2行にして保存するには、改行したい位置に改行の制御文字「¥n」を入れます。たとえば、次のようにすると、「Hello, Python!」の直後で改行されて、次の行に「Happy dogs.」を出力されます。

```
>>> f = open('text.txt', 'a')
>>> f.write('¥nHappy dogs.')
12
>>> f.close()
```

スクリプトファイルとしては次のようになります。

リスト6.3●append.py

```
f = open('text.txt', 'a')
f.write('\nHappy dogs.')    # \nは改行を表す
f.close()
```

ファイルの内容が「Hello, Python!」だけであるファイル text.txt に対してこれを実行すると、ファイル text.txt の内容は次のようになります。

図6.3●改行して追加したファイルをメモ帳で開いた例

6.2 ファイルからの読み込み

ファイルからの読み込みのときにも open() を使ってファイルを開きます。

◆ 単純なファイルから読み込み

最初に、ファイル名とファイルのモードとして 'r' を引数として、関数 open() を呼び出します（'r' は read モードであることを表します）。

```
f = open('text.txt', 'r')
```

このとき、返されるファイルを識別する値を変数（この例では f）に保存しておきます。

6.2 ファイルからの読み込み

次に、ファイルのメソッド readline() を使ってファイルから文字列を読み込みます。

```
s = f.readline()
```

読み込みが終わったらメソッド close() を使ってファイルを閉じます。

```
f.close()
```

最後に読み込んだ内容を出力してみます。

```
print(s)
```

行の最後に改行の制御コードが含まれている場合、このとき読み込んだデータの最後には ¥n が付いています。

スクリプトファイルにすると、次のようになります。

リスト6.4●readln.py

```
f = open('text.txt', 'r')
s = f.readline()
f.close()
print(s)
```

Python インタープリタで実行するなら、次のようにします。

```
>>> f = open('text.txt', 'r')
>>> s = f.readline()
>>> f.close()
>>> print(s)
Hello, Python!
Happy dogs.
```

これで、ファイル text.txt から読み込んだ内容を知ることができます。

◆ for 文を使った読み込み

readline() は 1 行のテキストをプログラムに読み込みます。2 行以上のテキストを順に読み込みたいときには、for 文を使って繰り返し読み込みます。このとき、行ごとに readline() を呼び出す必要はありません。

リスト6.5●forread.py

```
f = open ('text.txt', 'r')
for line in f:
    print(line)

f.close()
```

Python インタープリタで実行すると次のようになります。

```
>>> f.close()
>>>
>>> f = open ('text.txt', 'r')
>>> for line in f:
...     print(line)
...
Hello, Python!

Happy dogs.
>>> f.close()
```

この場合、「Hello, Python!」の直後に改行の制御コード（¥n）が含まれているので、print(line) で出力したときに改行し、さらに print() が実行されたときに改行されるので、出力の「Hello, Python!」と「Happy dogs.」の間に空行ができることに注目してください。

◆ 複数行の読み込み

テキスト行ごとに読み書きするのではなく、テキストファイル全体を読み書きすることもできます。

ファイルオブジェクトのメソッド readlines() を使うと、テキストファイル全体がリストに読み込まれます。

リスト6.6●rlines.py

```
f = open ('text.txt', 'r')
lines = f.readlines()
f.close()

for line in lines:
    print(line)
```

Python インタープリタで実行すると、次のようになります。

```
>>> f = open ('text.txt', 'r')
>>> lines = f.readlines()
>>> f.close()
>>>
>>> for line in lines:
...     print(line)
...
Hello, Python!

Happy dogs.
```

この方法の良い点は、ファイルの読み込みという作業と、読み込んだ内容を出力するという作業を分けることができる点と、ファイルを早期に閉じることができるという点です。

6.3 例外処理

　ファイルの読み書きのような操作のときには、さまざまな事態が予想されます。たとえば、ディスクがいっぱいであるとか、アクセス権限がないとか、メモリなどのメディアが挿入されていないなどのために、致命的なエラーが発生することがあります。そのような場合は、第5章で学んだ例外処理を行います。

◆ 典型的な例外処理

　ファイルの読み書きのときの典型的な例外処理の例を次に示します。

```
try :
    f = open('text.txt', 'w')
    f.write('Hello, Python!\nHappy Dogs.\n')
except :
    print( 'ファイルに書き込めません')
finally:
    f.close()

try :
    f = open('text.txt', 'r')
    lines = f.readlines()
except :
    print( 'ファイルから読み込めません')
else:
    for l in lines:
        print(l)
finally:
    f.close()
```

　f.close() を finally 節の後に記述している点に注目してください。これで、たとえファイルのアクセスに失敗してもファイルは確実に閉じられて、次の操作を続行できるようになります。

6.4 タートルで遊ぼう

　タートルのコマンドとパラメータ（移動方向や距離）をファイルにデータとして保存して、そのデータを読み込んでタートルを動かすプログラムを作ってみましょう。

　ここでは、プログラムを単純にするために、タートルの命令を「forward」と「left」だけに限定し、コマンドとパラメータを組み合わせたデータをデータファイルとして作るものとします。

　スクリプトは次のようになります。

リスト6.7●play6.py

```python
import turtle
kame=turtle.Turtle()
kame.shape('turtle')

f = open('kame.dat')
data = f.readlines()
f.close()

ndata = len(data)
i=0
while i<ndata :
    cmnd =data[i]
    param=float(data[i+1])
    if cmnd == 'forward¥n' :
        kame.forward(param)
    if cmnd == 'left¥n' :
        kame.left(param)
    i = i + 2

k = input()
```

　そして、コマンドとパラメータを並べたデータを作ります。

リスト6.8●kame.dat

```
forward
200
left
90
forward
100
left
90
forward
200
left
90
forward
100
```

実行すると次のようになります。

図6.4●実行結果

■ 練習問題 ■

6.1 名前と住所をファイルに書き込んでから読み込むスクリプトを作成してください。

6.2 練習問題 6.1 のスクリプトに例外処理を追加してください。

6.3 play6.py のタートルのコマンドを増やし、データファイルも増やしてください。

第7章

クラス

クラスはオブジェクトを作成するときのひな型（テンプレート）です。ここでは、クラスの定義の仕方と使い方を学習します。

7.1 クラスとオブジェクト

オブジェクト指向プログラミングでは、一般にクラスからオブジェクトを作成します。

◆ オブジェクト

オブジェクトとは、特定の型（クラス）のインスタンス（具体的なオブジェクト）の1つのことです。

たとえば、Dog（犬）クラスというのは型（種類）の名前であって、Dogクラスのたとえばpochiという特定の犬がインスタンスであり具体的なオブジェクトです。

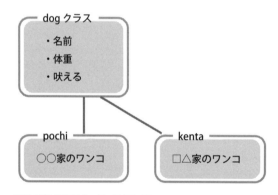

図7.1●クラスとインスタンス

Dogはpochiだけではなく、隣の家のkentaもDogですから、同じクラスのオブジェクト（インスタンス）が複数存在することはなんの不思議もありません。

また、それぞれのDogには、名前があり、体重があって、吠えるという共通の行動をとります。

 インスタンスは、あるクラスの特定のオブジェクトのことです。

7.2 クラス

クラスは、オブジェクトのひな形となる定義です。オブジェクトはクラスのインスタンスとして作成しますから、オブジェクトを作成するためにはクラスを定義する必要があります。

◆ クラスの定義

クラスを定義するときには、キーワード class と名前を使います。次の例は Dog という名前のクラス定義の例です。

```
class Dog:
    pass
```

この例では、Dog クラスの内容は pass で、これは何もしないということを意味します。実際に Dog クラスのインスタンスである pochi を作成することはできますが、何も起きません。

```
>>> class Dog:
...     pass
...
>>> pochi = Dog
>>>
```

そこで、name（名前）と weight（体重）という変数と、bark（吠える）という動作を表す関数を作成してみましょう。

クラスに変数を定義するときには、インデントして変数名を記述します。

```
class Dog:
    name = 'Pochi'
```

ただし、Python ではクラス内に定義した変数はすべてのインスタンスで共有されるク

第 7 章　クラス

ラス変数になってしまいます。つまり、これではどのDogも同じ'Pochi'というname(名前)になってしまいます。それでは困るので、個々のインスタンスに異なる名前を保存できるように変数名の前にselfを付けます。

```
class Dog:
    self.name
```

同様に体重も定義するなら、次のようになります。

```
class Dog:
    self.name
    self.weight
```

ただし、このままでは、selfが定義されていないので、エラーになってしまいます。そこで、クラスのインスタンスを初期化する初期化関数という特別な関数を作ります。この関数の名前は __init__ で、最初の引数に必ずselfを指定します。

```
class Dog:
    def __init__(self, nam, w):
        self.name = nam
        self.weight = w
```

これで、「pochi = Dog('Pochi', 32)」を実行してDogのインスタンスを作成すると、pochiのnameが'Pochi'に、weightが32になります。

```
>>> class Dog:
...     def __init__(self, nam, w):
...         self.name = nam
...         self.weight = w
...
>>> pochi = Dog('Pochi', 32 )
>>> pochi.name
'Pochi'
>>> pochi.weight
32
```

7.2 クラス

次に、このクラスの中に bark（吠える）という関数を作りましょう。クラスの中の関数は特にメソッドと呼ぶので、以降、メソッドといいます。

クラスにメソッドを定義するときには、def の後に名前と self という引数および「:」（コロン）を続けて、その後にメソッドの内容を記述します。

```
class classname:
    def methodname(self):          # メソッドには最初に引数としてselfを指定する
        （メソッドのコード）
```

次の例は、Dog という名前のクラスを定義して、その中に bark という名前のメソッドを定義する例です。

```
class Dog:
    def __init__(self, nam, w):
        self.name = nam
        self.weight = w
    def bark(self):
        print('Wanwan')
```

このクラスを定義して Dog クラスのインスタンスとして pochi を作成し、2 個の変数とメソッド bark() を呼び出す例を次に示します。

```
>>> class Dog:
...     def __init__(self, nam, w):
...         self.name = nam
...         self.weight = w
...     def bark(self):
...         print('Wanwan')
...
>>> pochi = Dog('Pochi', 32 )
>>> pochi.name
'Pochi'
>>> pochi.weight
32
>>> pochi.bark()
Wanwan
>>>
```

7.3 継承

Pythonのクラスは、他の既存のクラスから派生することができます。派生したクラスは、元のクラスを継承します。継承とは、あるクラスから派生したクラスが、もとのクラスが持つ特性や動作などを引き継ぐということです。

◆ スーパークラスとサブクラス

わかりやすい例で例えると、まず、「4本足の動物」をAnimal（動物）クラスとして定義したものとします。この「クラス」は、4本足（legs=4）で名前（name）と体重（weight）があり、歩く（walk）ことができるということだけはわかっていますが、どんな種類の動物であるかという点が未確定の、定義がやや曖昧なクラスです。

プログラムの中で実際に具体的な犬というもの（オブジェクト）を使いたいときには、「Animalクラス」から派生したクラスとして、たとえば、「Dogクラス」という、より具体的なクラスを定義します。「Dogクラス」は、「Animalクラス」の持つあらゆる特性（4本足、名前がある、体重がある）や動作（歩くなど）をすべて備えているうえに、さらに「犬」として機能する特性（尻尾が1本ある）や動作（ワンと吠える）を備えています。つまり、「Dogクラス」は、より一般的な「Animalクラス」の持つ特性や動作を継承しているといえます。

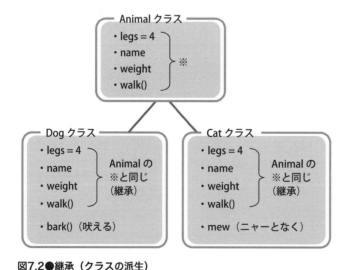

図7.2●継承（クラスの派生）

あるクラスを継承して別のクラスを宣言するときに、継承元のクラスとして使われるクラスをスーパークラスといい、継承して作成した新しいクラスをサブクラスといいます。

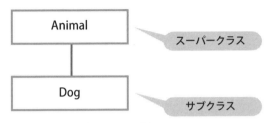

図7.3●スーパークラスとサブクラス

スーパークラスは、基本クラス、ベースクラス、親クラスあるいは上位クラス、派生もとのクラスなどと呼ばれることがあります。

サブクラスは、派生したクラス、子クラスあるいは下位クラス、継承したクラスなどと呼ばれることがあります。

◆ スーパークラスの定義

ここで、DogクラスとCatクラスを定義して使うことを考えてみましょう。

個々のクラスをまったく別々に定義することもできますが、最初にAnimalクラスを定義して、それを継承するサブクラスDogクラスとCatクラスを定義すると、Animalクラスに共通することはAnimalクラスに記述できるので、コードを整理できます。

そこで、まず、スーパークラスであるAnimalクラスを定義してみましょう。

```
class Animal:
    legs = 4
    def __init__(self, nam, w):
        self.name = nam
        self.weight = w
    def walk(self):
        print('walk...')
```

スーパークラスを定義するときに、書式上、特別なことは何もありません（これまでに説明したクラスの定義の方法と同じです）。

◆ サブクラスの定義

次に、サブクラスである Dog クラスを定義してみましょう。次のように定義します。

```
class Dog(Animal):
    def __init__(self, nam, w):
        super(Dog,self).__init__( nam, w)
    def bark(self):
        print('Wanwan')
```

ここで、super というキーワードを使っていることに注目してください。super は文字通りスーパークラスを意味し、この場合、Dog クラスの初期化関数 __init__() でスーパークラスの __init__(self, nam, w) を呼び出しています。そして、さらに bark()（吠える）というメソッドを追加しています。

このクラス定義を使ってインスタンス pochi を作って使ってみます。

```
>>> class Animal:
...     legs = 4
...     def __init__(self, nam, w):
...         self.name = nam
...         self.weight = w
...     def walk(self):
...         print('walk...')
...
>>> class Dog(Animal):
...     def __init__(self, nam, w):
...         super(Dog,self).__init__( nam, w)
...     def bark(self):
...         print('Wanwan')
...
>>> pochi = Dog('Pochi', 32 )
>>> pochi.walk()
walk...
>>> pochi.name
'Pochi'
>>> pochi.bark()
Wanwan
>>>
>>> pochi.legs
```

4

　Cat クラスは Dog クラスと同じように定義できます。ただし、泣き声だけは「Nyao,Nyao」に変えます。

```
class Cat(Animal):
    def __init__(self, nam, w):
        super(Cat,self).__init__( nam, w)
    def mew(self):
        print('Nyao,Nyao')
```

Animal、Dog、Cat クラスをまとめると、次のようになります。

```
class Animal:
    legs = 4
    def __init__(self, nam, w):
        self.name = nam
        self.weight = w
    def walk(self):
        print('walk...')

class Dog(Animal):
    def __init__(self, nam, w):
        super(Dog,self).__init__( nam, w)
    def bark(self):
        print('Wanwan')

class Cat(Animal):
    def __init__(self, nam, w):
        super(Cat,self).__init__( nam, w)
    def mew(self):
        print('Nyao,Nyao')
```

7.4 モジュール

たびたび使うコードで、特にクラス定義のような定義が完了した後で変更する可能性が少ないものは、モジュールとして保存しておくと便利です。

◆ animal モジュール

先ほど作った Animal クラスをモジュールにしてみましょう。モジュールにするには、（モジュール名）.py という名前でファイルとして保存するだけです。

リスト7.1 ● animal.py

```python
class Animal:
    legs = 4
    def __init__(self, nam, w):
        self.name = nam
        self.weight = w
    def walk(self):
        print('walk...')

class Dog(Animal):
    def __init__(self, nam, w):
        super(Dog,self).__init__( nam, w)
    def bark(self):
        print('Wanwan')

class Cat(Animal):
    def __init__(self, nam, w):
        super(Cat,self).__init__( nam, w)
    def mew(self):
        print('Nyao,Nyao')
```

 モジュールは Python インタープリタが検索できるところに保存する必要があります。

7.4 モジュール

◆ モジュールのインポート

　モジュールを使う時には、そのモジュールのファイル名から拡張子 .py を削除した名前でインポート（import）します。

　そして、実際にモジュールの中のクラスを使うときには、クラス名をモジュール名で修飾します。具体的には、Animal モジュールの Dog クラスを参照するには、次のように animal.Dog と記述します。

```
>>> import animal
>>> kenta=animal.Dog('Kenta',23)
>>> kenta.name
'Kenta'
>>> kenta.legs
4
>>> kenta.bark()
Wanwan
>>>
```

■練習問題■

7.1 幅と高さで形を表現するRect（四角形）クラスを定義してください。

7.2 幅と高さで形を表現するRect（四角形）クラスに、そのオブジェクトの形状を出力する関数print()を追加してください。

7.3 幅と高さで形を表現するRect（四角形）クラスから派生した、Squareクラスを定義してください。

第8章

実践プログラミング（1）

この章では、これまで学んできたことをもとにして、いくつかのプログラムを作成してみます。最初に課題を提示して、それに対応するプログラムの作り方を説明します。

8.1 平均を求めるプログラム

◆ 課題 ....◆

ここでは、任意の数を入力してその平均を求めるプログラムを作成します。

最終的な姿は、ユーザーが任意の数の数値を入力して、入力の終わりをプログラムに対して指示すると、入力された数の平均値を計算して出力するようにします

プログラムの作り方はいろいろありますが、ここではこのプログラムを段階的に作成します。

◆ 2値の平均 ....◆

最初に、単純に2つの値の平均を計算することを考えてみましょう。まず、Pythonのインタープリタ（インタラクティブシェル）または IDLE を起動します。

```
Python 3.7.0 (v3.7.0:1bf9cc5093, Jun 27 2018, 04:59:51) [MSC v.1914 64 bit (AMD64)] on win32
Type "help", "copyright", "credits" or "license" for more information.
>>>
```

最初に、適当に選んだ2個の数値の平均を求めてみましょう。たとえば、選んだ数が2.5 と 3.5 だとすれば、次のようにします。

```
>>> (2.5+3.6)/2
3.05
```

得られた平均値は 3.05 です。

同じことを、変数を使ってやってみましょう。計算に使う2個の値を保存する変数名をaとbにし、これらの変数に値を代入してから変数の平均値を計算して変数cに保存して出力します。

8.1 平均を求めるプログラム

```
>>> a = 2.5
>>> b = 3.6
>>> c = (a + b)/2
>>> c
3.05
```

 最後の命令は「c」ですが、この場合、これは「print(c)」と効果は同じです。

次に、プログラムのユーザーが任意の値を入力して、その平均を計算できるようにします。

ユーザーが値を入力できるようにするには、input() を使います。任意の数とは、文字通りどんな値でもかまわないのですが、ここでは仮に、2.8 と 4.6 という値を入力するものとして説明を続けます。

このとき、単に「a = input('a=')」としてしまうと、変数 a には文字列としての値が入ってしまいます。

```
>>> a = input('a=')
a=2.8
>>> a
'2.8'
>>>
```

実際、プロンプトに対して **a Enter** と入力して変数 a の値を確認すると、返される値は「'」で囲まれた文字列「2.8」です。

もし、a や b の値が文字列のまま 2 つの値の平均を求めようとして「(a + b)/2」を実行すると、次のようにエラーが発生してしまうはずです。

```
>>> c = ( a + b ) / 2
Traceback (most recent call last):
  File "<stdin>", line 1, in <module>
TypeError: unsupported operand type(s) for /: 'str' and 'int'
```

115

「c = (a + b) / 2」の中の「a + b」の部分は、たとえ a と b の値が文字列であっても「文字列を連結する命令」であると解釈されるので問題はないはずです。ためしに「a + b」を実行してみると、次のようになります。

```
>>> a + b
'2.84.6'
```

しかし、ここで行いたいことは、文字列としての '2.8' と '4.6' を連結することではなくて、数値としての 2.8 と 4.6 を加算することです。

文字列を数値に変換するための関数として Python には標準で次のような関数が用意されています。

表8.1●文字列を数値に変換する主な関数

変換する値の型	関数	備考
整数	int()	integer（整数）の略
実数	float()	floating pint number（浮動小数点数）の略

このような事項をウェブで調べるには、たとえば「python 文字列 数値 変換」として検索すればすぐに知ることができます。

ここでは、a と b は実数が入力される可能性があるので、次のようにすれば a と b を数値として加算できます。

```
>>> float ( a ) + float( b )
7.3999999999999995
```

結果として 7.3999999999999995 という値が得られました。「2.8+4.6」の正確な値である 7.4 と異なるのは、コンピュータ内部の計算で発生する誤差が理由です。しかし、通常は「7.3999999999999995」を四捨五入して「7.4」と考えますし、7.4 という値に対する誤差 0.0000000000000005 はとても小さいので無視します。

> 誤差が発生する理由は、コンピュータは値を2進数に変換して計算するからです。コンピュータの内部では電圧の高い/低い=0/1で値を取り扱うので、実数値は最終的には2進数に変換しないとCPUは計算が行えません。どうしても誤差が無視できないような場合には、数値計算のためのモジュール（ライブラリ）をインポートして、より精度の高い計算を行います。

aとbを数値として加算し、2で割るコードは次のようになります。

```
>>> ( float ( a ) + float( b ) ) / 2.0
3.6999999999999997
```

「(2.8+4.6)/2.0」の結果は3.7なので、計算上発生する誤差を考慮すれば、これで求める結果が得られたといえます。

aとbを加算した結果を変数cに代入して、形を整えて出力するには、次のコードを実行します。

```
>>> c = ( float ( a ) + float( b ) ) / 2.0
>>> print(a, 'と', b, 'の平均=', c)
2.8 と 4.6 の平均= 3.6999999999999997
```

これまでインタープリタ（インタラクティブシェル）で行ってきたことをプログラムとしてまとめて、average2.pyというファイル名を付けてプログラムファイル（スクリプトファイル、.pyファイル）にするなら、次のようになります。

リスト8.1●average2.py

```
# average2.py
a = input( 'a=' )
b = input( 'b=' )
c = ( float ( a ) + float( b ) ) / 2.0
print(a, 'と', b, 'の平均=', c)
```

このスクリプトファイルを OS のコマンドラインから実行する例を次に示します（次の例は Windows での実行例です）。

```
C:\Python\Ch08>python average2.py
a=3.5
b=6.4
3.5 と 6.4 の平均= 4.95

C:\Python\Ch08>
```

次の 2 つのコードを見てください。

```
c = ( float ( a ) + float( b ) ) / 2.0
print(a, 'と', b, 'の平均=', c)
```

これは、次のように 1 行にまとめて、変数 c を使わないようにすることもできます。

```
print( a, 'と', b, 'の平均=', ( float ( a ) + float( b ) ) / 2.0)
```

このように 1 行にしてしまえばプログラムが簡潔になり、プログラムの実行速度も速くなります。しかし、本書は入門書なので、わかりやすさを優先してあえて冗長なプログラムにしています。

◆ 複数の値の平均

任意の数の複数の値の平均を求めるには次のような作業が必要です。

（1）入力を繰り返し行う。
（2）入力された回数をカウントする。
（3）入力の終わりを指示すると入力の作業を終える。
（4）入力された値を加算して総計を求める。
（5）総計をカウントした回数で割って平均値を求める。

8.1 平均を求めるプログラム

これらの作業を具体的なコードにしてみましょう。

入力を繰り返し行うためには、while による繰り返し構文を使います。

```
while (True):
  a = input('値（終わりはend) =')
```

文字列 'end' が入力されたときに入力の終わりとすることにして、if 文を使って break で while 文のループを抜けます。

```
while ( True ):
  a = input('値（終わりはend) =')
  if ( a == 'end' ):
    break
```

ここで、「while (True):」は繰り返しを永遠に続けることを意味します。このままではプログラムが終了しないので、if 文を使って a == 'end' のときに break 文を使ってループを終了します。

入力された値を加算して総計を求めるためには、総計を保存する変数 total を作って値をゼロにしておき、入力があるたびに入力された値を total に加算します。

```
total=0.0

while (True):
  入力
  total += float(a)
```

同様に、入力された回数を保存する変数 cout を作っておき、入力があるたびに count をインクリメント（値を 1 だけ増やす）します。

```
count = 0

while (True):
  入力
  total += float(a)
  count += 1
```

総計を回数で割って平均値を求め、その結果を出力するコードは次の通りで良いでしょう。

```
c = total / count
print('平均=', c)
```

プログラムとしてまとめて average.py というファイル名を付けてプログラムファイルにすると、次のようになります。

リスト8.2●average.py

```python
# average.py
count = 0
total=0.0
while (True):
    a = input('値（終わりはend）=')
    if (a == 'end'):
        break
    total += float(a)
    count += 1
c = total / count
print('平均=', c)
```

プログラムの最後の 2 行はまとめて「print(' 平均 =', total / count)」にすると、プログラムはよりスマートになります。

このスクリプトファイルを OS のコマンドラインから実行する例を次に示します（次の例は Windows での実行例です）。

```
C:\Python\Ch08>python average.py
値（終わりはend）=23
値（終わりはend）=54.1
値（終わりはend）=85
値（終わりはend）=6.5
```

```
値（終わりはend）=end
平均= 42.15


C:\Python\Ch08>
```

8.2 最大公約数を求めるプログラム

◆課題 ••◆

ここでは、自然数の最大公約数を求めるプログラムを作成します。このとき、ユークリッドの互除法（Euclidean Algorithm）という方法を使うことができます。これは、次のような性質を利用する方法です。

2つの自然数aとbについて、aをbで割った余り（剰余）をrとすると、aとbとの最大公約数はbとrとの最大公約数に等しい（ただしa ≧ bとし、a < bの場合はaとbを入れ替える）。

たとえば、1071 と 1029 の最大公約数は次のようにして求められます。

- 1071（a）を 1029（b）で割った余りは 42（r）
- 1029（b）を 42（r）で割った余りは 21（r2）
- 42（r=b）を 21（r2=r）で割った余りは 0
- 従って、最大公約数は 21 になる。

この性質を利用して、aをbで割った余りをrとし、bとrの値がb > rになるようにして、bをrで割った余りを次のrとするという剰余を求める計算を繰り返すと、剰余が0になった時の除数がaとbの最大公約数になります。

これをプログラムで実現します。

◆ ユークリッドの互除法のプログラム

このプログラムでは、最初に、最大公約数を求める2つの値を変数aとbに保存します。

```
a = input('a=')
b = input('b=')
```

最大公約数の計算のためにa≧bになるようにしなければならないので、a<bならaとbを入れ替えます。

```
if a<b:        # a<bならaとbを入れ替える
    a, b = b, a
```

Pythonでは、一度に複数の代入が可能なので、「a, b = b, a」でaとbの値を入れ替えられる点に注目してください。

もしこの式を使わないなら、次の3ステップで値を入れ替えます。

```
t = a
a = b
b = t
```

次に最大公約数を計算しますが、この計算をgcd()という関数で行うことにして、関数を定義します。この関数で行うことは、

- gcd()に渡される2番目の引数の値が0ならそのままxを返す。
- yがゼロより大きければxをyで割った余りをxに保存する。そして、xとyを入れ替えて、yが0になったらその時のxの値を返す。この作業をyが0になるまで繰り返す。

ということです。コードで書くなら次のようになります。

```
def gcd(x, y):
    if y == 0:
        return x
```

```
    while y > 0:
        x %= y
        x, y = y, x
        if y == 0:
            return x
```

 関数 gcd の内部で行われる操作の内容がわかりにくかったら、それぞれのステップの作業を図を描いてみてください。

最後に、関数 gcd() を呼び出して結果を出力します。

```
print(a, 'と', b ,'の最大公約数=', gcd( int(a), int(b) ))
```

プログラムとしてまとめて euclid.py というファイル名を付けてプログラムファイルにすると、次のようになります。

リスト8.3●euclid.py

```
# euclid.py
a = input( 'a=' )
b = input( 'b=' )

if a<b:       # a<bならaとbを入れ替える
  a, b = b, a

def gcd(x, y):
  if y == 0:
    return x
  while y > 0:
    x %= y
    x, y = y, x
    if y == 0:
      return x

print(a, 'と', b ,'の最大公約数=', gcd( int(a), int(b) ))
```

このスクリプトファイルを OS のコマンドラインから実行する例を次に示します（次の例は Windows での実行例です）。

```
C:\Python\Ch08>python euclid.py
a=136
b=119
136 と 119 の最大公約数= 17

C:\Python\Ch08>python euclid.py
a=1029
b=1071
1071 と 1029 の最大公約数= 21

C:\Python\Ch08>
```

■ 練習問題 ■

8.1 ユーザーが 5 個の値を入力すると（'end' を入力しなくても）5 個の数の平均を求めるプログラムを作ってください。

8.2 リストに保存してある 5 個の実数の平均を求めるプログラムを作ってください。
ヒント：for 文を使います。

8.3 関数が同じ名前の関数を呼び出すこと（関数が自分自身を呼び出すこと）を再帰といいます。再帰関数を使って最大公約数を求めるプログラムを作ってください。
ヒント：繰り返す代わりに同じ名前の関数を呼び出します。

第9章

実践プログラミング（2）

ここでは、クラスと文字や記号による図を扱うプログラムを作成してみます。

9.1 アドレス帳

◆ 課題

ここでは、氏名と年齢および電子メール（以下 E メール）アドレスを保存して管理するプログラムを作成します。

このプログラムでは、氏名、年齢、E メールを扱うクラスを定義して、それぞれのデータをオブジェクトとして管理するようにします。

◆ アドレスのクラス

最初に、氏名、年齢、E メールを扱うクラスを定義します。そして、それぞれのデータをクラスのオブジェクト（インスタンス）として管理します。

ここで、Member というクラスを定義しましょう。このクラスには、氏名、年齢、E メールのデータを、それぞれ name、age、eMail という名前の変数に持たせます。第 7 章「クラス」で学んだことを思い出しながらクラスを定義すると、このクラスの定義は次のようになります。

```
>>> class Member:
...     def __init__(self, nam, age, mail):
...         self.name = nam
...         self.age = age
...         self.eMail = mail
...
```

さらに、クラスの内容を出力するための print() というメソッドを追加しておきます。

```
>>> class Member:
...     def __init__(self, nam, age, mail):
...         self.name = nam
...         self.age = age
...         self.eMail = mail
```

```
...     def print(self):
...         print(self.name, self.age, self.eMail)
...
```

ここで、ken という名前のオブジェクトを作成してみましょう。氏名は '山田健太'、年齢は 32、E メールは 'kenta@hmail.cam' だとします。

```
>>> ken = Member('山田健太', 32 , 'kenta@hmail.cam')
```

登録した内容を確認してみます。

```
>>> ken.name
'山田健太'
>>> ken.age
32
>>> ken.eMail
'kenta@hmail.cam'
>>> ken.print()
山田健太 32 kenta@hmail.cam
>>>
```

Member クラスは機能していることがわかりました。

◆ オブジェクトのリスト

さらに、wan という名前で、氏名が '犬山わん子'、年齢が 28、E メールアドレスが 'wanko@cutt.ca.jp' であるオブジェクトも作成します。

```
>>> wan = Member('犬山わん子', 28 , 'wanko@cutt.ca.jp')
```

これでシステムには、ken と wan という名前で 2 人の情報を登録できました。
しかし、このままでは ken や wan という登録名がわからなければ 2 人の情報を見る

ことができないので不便です。そこで、これらのオブジェクトを member（先頭が小文字である点に注意）というリストに追加して、member というリストの中で管理できるようにします。すると、ken や wan という登録名を使わずに、リストが member という名前であることがわかっていれば、インデックスで検索して情報を見ることができます。

```
>>> member = [ken, wan]
>>> member[0].name
'山田健太'
>>> member[1].name
'犬山わん子'
>>> member[0].print()
山田健太 32 kenta@hmail.cam
>>> member[0].print()
山田健太 32 kenta@hmail.cam
```

ある名前が member の中に登録されているかどうか調べるためには、次のようなコードを使うことができます。

```
>>> for p in member:
...     if p.name == '山田健太':
...         print(p.name, 'は登録されています。')
...     else:
...         print(p.name, 'は登録されていません。')
...
山田健太 は登録されています。
犬山わん子 は登録されていません。
>>>
```

特定の名前を検索するためには、次のような関数 search() を作ればよいでしょう。

```
>>> def search(name):
...     find = False
...     for p in member:
...         if p.name == name:
...             find = True
```

```
...       if find==True:
...           print(name, 'は登録されています。')
...       else:
...           print(name, 'は登録されていません。')
...
>>> search('山田健太')
山田健太 は登録されています。
>>> search('田中一郎')
田中一郎 は登録されていません。
>>>
```

これで良いのですが、プログラムを実行するたびにインタープリタにクラスや関数を入力したり、特定の名前をそのたびにリストに登録するのは面倒です。そこで、プログラムを後で何度でも実行できるように、スクリプトファイル（py ファイル）として作成しましょう。

まず必要なのは、プログラム全体で（グローバルに）管理するデータを定義することです。このプログラムでは、メンバー全員のデータを保存する空のリスト member を作っておきます。

```
# グローバルデータ
member=[]   # 全員のデータ
```

メンバーのクラスは、既に作ったものをそのまま使うことができます。

```
# メンバーのクラス
class Member:
    def __init__(self, nam, age, mail):
        self.name = nam
        self.age = age
        self.eMail = mail
    def print(self):
        print(self.name, self.age, self.eMail)
```

メンバーを登録できるようにするためにメンバーを登録する関数を作ります。

```
# メンバーを登録する関数
def entry(name, age, email):
```

```
        p = Member(name, age, email)
        member.append(p)
```

メンバーを検索できるようにするためにメンバーを検索する関数も作ります。

```
# メンバーを検索する関数
def search(name):
    find = False
    for p in member:
        if p.name == name:
            find = True
    if find==True:
        print(name, 'は登録されています。')
    else:
        print(name, 'は登録されていません。')
```

　メンバーを登録したり検索したりするためには、ユーザーが何をしたいのかということをプログラムが知る必要があります。そこで、次のようなプロンプトを表示することにします。

```
登録=reg,検索=search,全データ表示=list,終了=exit >>
```

　そして、このプロンプトに対して、たとえば登録（reg）が選択されたら、ユーザーから必要な情報を受け取ってメンバーを登録する関数を呼び出し、メンバーを検索する（search）ことが選択されたら必要な情報を受け取ってメンバーを検索する関数を呼び出すなどの、プロンプトに入力された内容に応じて実行するコードを変えるようにします。

```
# メインプログラム
while (True):
    cmd = input('登録=reg,検索=search,全データ表示=list,終了=exit >>')
    if cmd=='reg':   # メンバーを登録する
        name=input('氏名=')
        age=input('年齢=')
        email=input('Eメール=')
        entry(name, age, email)
    elif cmd=='search': # メンバーを検索する
        name=input('氏名=')
```

```
            search(name)
    elif cmd=='list':   # 全メンバー表示
        for p in member:
            p.print()
    elif cmd=='exit':  # システム終了
        break
```

プログラムとしてまとめて address.py というファイル名を付けてプログラムファイルにすると、次のようになります。

リスト9.1●address.py

```
# address.py
#
# グローバルデータ
member=[]    # 全員のデータ

# メンバーのクラス
class Member:
    def __init__(self, nam, age, mail):
        self.name = nam
        self.age = age
        self.eMail = mail
    def print(self):
        print(self.name, self.age, self.eMail)

# メンバーを登録する関数
def entry(name, age, email):
    p = Member(name, age, email)
    member.append(p)

# メンバーを検索する関数
def search(name):
    find = False
    for p in member:
        if p.name == name:
            find = True
    if find==True:
        print(name, 'は登録されています。')
    else:
        print(name, 'は登録されていません。')
```

```
# メインプログラム
while (True):
    cmd = input('登録=reg,検索=search,全データ表示=list,終了=exit >>')
    if cmd=='reg':   # メンバーを登録する
        name=input('氏名=')
        age=input('年齢=')
        email=input('Eメール=')
        entry(name, age, email)
    elif cmd=='search': # メンバーを検索する
        name=input('氏名=')
        search(name)
    elif cmd=='list':  # 全メンバー表示
        for p in member:
            p.print()
    elif cmd=='exit': # システム終了
        break
```

このスクリプトファイルを OS のコマンドラインから実行する例を次に示します（次の例は Windows での実行例です）。

```
C:\Python\Ch09>python address.py
登録=reg,検索=search,全データ表示=list,終了=exit >>reg
氏名=椀子健太
年齢=16
E-メール=ken@dummy.cam
登録=reg,検索=search,全データ表示=list,終了=exit >>reg
氏名=花岡洋子
年齢=22
E-メール=hana@hmail.cam
登録=reg,検索=search,全データ表示=list,終了=exit >>list
椀子健太 16 ken@dummy.cam
花岡洋子 22 hana@hmail.cam
登録=reg,検索=search,全データ表示=list,終了=exit >>search
氏名=花岡洋子
花岡洋子 は登録されています。
登録=reg,検索=search,全データ表示=list,終了=exit >>search
氏名=山田ポンタ
山田ポンタ は登録されていません。
```

```
登録=reg,検索=search,全データ表示=list,終了=exit >>exit
C:\Python\Ch09>
```

9.2 サイコロ

◆ 課題

　ここで作成するプログラムは、人がサイコロを振ることをシミュレーションするプログラムです。

　サイコロを振ると、1〜6の面が表になります。これをプログラムで実現します。このとき、乱数というもの（ランダムな値）を使います。

　単に1〜6の値をランダムに生成して数字として表示するのでは面白くないので、（タートル以外はまだ扱ってない）グラフィックスを使わずに、文字や記号だけで、できるだけサイコロらしい表現を行います。

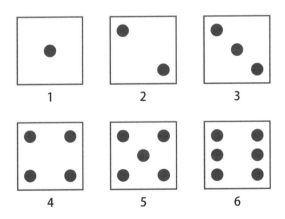

図9.1●サイコロのそれぞれの目のイメージ

◆ 乱数

任意の数を取り出したいときには乱数を使います。

乱数を生成する機能は、単に起動しただけのPythonには含まれていません。乱数を使うためには、プログラムの中でrandomというモジュールをインポートする必要があります（インタープリタを使っている場合は、乱数を生成する前にあらかじめrandomモジュールをインポートする必要があります）。

乱数を生成するためには、さらにrandomのメソッドを呼び出します。

最初に呼び出すのはrandom.seed()です。これは乱数ジェネレータを初期化しますが、乱数を使うときに最初に行わなければならない準備と考えてください。

特定の範囲の正の数を取り出したい場合にはrandint()というメソッドを使うことができます。たとえば、「random.randint(1, 6)」で1〜6の範囲の値を取り出します（randomについては第11章でも説明します）。

```
import random

random.seed()

n = random.randint(1, 6)

print('n=', n)
```

これでプログラムを1回実行するごとに1〜6の範囲のいずれかの数が表示されるようになりますが、ここではできるだけサイコロらしい表現をしたいので、「*」を使ってサイコロの目を表現することにします。

たとえば、サイコロの6を表示したいときには、次のコードを実行します。

```
print('*   *')
print('*   *')
print('*   *')
```

これを実行すると次のように表示されます。

```
*     *
*     *
*     *
```

同じことを3回繰り返すのは美しくないと感じたら、次のようにすることもできます。

```
for i in [1,2,3]:
    print('*    *')
```

しかし、この場合、わざわざfor文を使わなくても、次の1行で同じ目的を達成できます。

```
print('*    *¥n*    *¥n*    *')
```

また、たとえば、「3」を出力するには次のコードを実行します。

```
print('*  ¥n  *¥n    *')
```

これを実行すると次のように表示されます。

```
*
   *
     *
```

一般的なコンピュータがまだグラフィックスをサポートしていない頃には、このようなキャラクタシンボルを使って図形やイラストを表示することが良く行われました。

1～6まで、それぞれサイコロの表現ができるようにしてプログラムとしてまとめたものを次に示します。

リスト9.2●die.py

```python
# die.py
import random

random.seed()

n = random.randint(1, 6)

print('n=', n)

if n==1:
    print('\n  *  \n')

if n==2:
    print('\n*    *\n')

if n==3:
    print('*  \n  *  \n   *')

if n==4:
    print('*   *\n    \n*   *')

if n==5:
    print('*   *\n  *  \n*   *')

if n==6:
    print('*   *\n*   *\n*   *')
```

このスクリプトファイルを OS のコマンドラインから実行する例を次に示します（次の例は Windows での実行例です）。

```
C:\Python\Ch09>die.py
n= 2

*    *


C:\Python\Ch09>die.py
```

```
n= 3
*
  *
    *

C:\Python\Ch09>die.py
n= 2

*   *



C:\Python\Ch09>die.py
n= 1

  *


C:\Python\Ch09>die.py
n= 5
*   *
  *
*   *

C:\Python\Ch09>
n= 1

  *
```

巨大な値

Python（3.7以降）では、整数の最大値は定義されていません。つまり、メモリに余裕がある限り、いくらでも大きな整数を使うことができるということです。

```
>>> import sys
>>> import random
>>> random.seed()
>>>
>>> random.randint (0, 1000000000000000000000000)
9697679730456737063295
```

なお、リストのようなコンテナ（他のオブジェクトを保存するオブジェクト）の要素数や文字列などのインデックスのサイズの最大値は定義されています。この値は sys.maxsize で知ることができます。次のコードは64ビット環境で実行した結果です。

```
>>> print (sys.maxsize)
9223372036854775807
```

次のコードは32ビット環境で実行した結果です。

```
>>> print (sys.maxsize)
2147483647
```

■練習問題■

9.1 address.py で、ユーザーが誤ったコマンドを入力したらメッセージを表示するようにしてください。

メインプログラムの最後にメッセージを表示するコードを追加します。

9.2 address.py で、ユーザーが誤ったコマンドを入力したらメッセージを表示するようにしてください。

以下に変更に関連する部分だけを掲載します。

9.3 サイコロを2個振るプログラムを作成してください。このとき、必ず「サイコロの目を表示する」という機能を持った関数を作ってください。

第10章

GUI プログラミング

ここでは、Python で簡単な GUI アプリを作成する方法を紹介します。

10.1 GUI プログラミング

　PythonのGUIプログラミングの方法は数種類あります。ここではPythonに標準で付属しているTkというツールキットを使います。Tkを使ったGUIアプリの詳細な作成方法は本書の範囲を超えるので、本書では基本的な構成のGUIアプリの作り方を解説するにとどめます。

◆ GUIアプリの構造

　第7章までで作成したプログラムは、「タートルで遊ぼう」のプログラムを除いて、数値を含むさまざまな文字列を入力したり出力したりするプログラムでした。そのようなプログラムをCUIアプリといいます。

　それに対して、ウィンドウを使うアプリをGUIアプリといいます。

　GUIアプリはこれまでのプログラム（スクリプト）とは少し異なる考え方で作成します。その中心となるのが、アプリのイベントメッセージを処理するメインループです。

　GUIアプリは、ウィンドウを作成する準備ができてウィンドウが表示されると、ウィンドウに送られるイベントメッセージを待ち続けます。イベントとは、マウスのクリックであったり、ユーザーからの入力であったり、あるいは他のプログラムからの要求であったりしますが、いずれにしてもアプリのイベントメッセージを処理するメインループがイベントを待ち続けます。

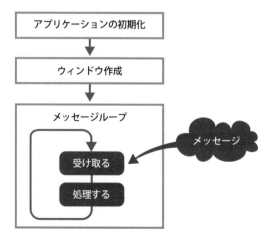

図10.1●GUIアプリの構造

従って、アプリを終了するためのメッセージが送られない限り、プログラムが終了することもありません（CUI アプリは、無限ループがない限り、プログラムの最後のコードを実行すると終了します）。

CUI アプリと GUI アプリはこのように動作が異なりますが、プログラムを作成する立場からいえば、アプリがメッセージを受け取って、それに対応した動作をするようにコードを記述することで、GUI アプリを作成できます。

 この章のプログラムを記述通りに実行するには、バージョン 3.2.1 以降の Python を使うことを強く推奨します。それ以前のバージョンを使う場合、必要なモジュールをインポート（import）するために設定やモジュールの名前の変更が必要になる場合があります。

◆ ウィンドウの作成

最初に、何もない（空の）ウィンドウを作成してみましょう。

まず、Tk を利用するために Tkinter というモジュールをインポートします。

```
import tkinter
```

次に、MainWindow クラスを作成します。これは、tkinter.Frame を継承するクラスとして定義します。

```
class MainWindow(tkinter.Frame):
    def __init__(self, parent):
        super(MainWindow, self).__init__(parent)
        self.parent = parent
        self.grid(row=0, column=0)
```

__init__() はこのクラスの初期化関数で、次のような作業を行います。

- スーパークラスの __init__() を呼び出します。
- 親クラスを設定します。
- いろいろなコンポーネントを配置するためのレイアウトマネージャとして grid（グリッド）マネージャを設定します。ただし、このプログラムではコンポーネントを

ウィンドウ内部にレイアウトはしません。後のサンプルで使います。

また、プログラムが正常に終了できるように、MainWindow クラスの中にメソッド quit() を作成しておきます。

```
def quit(self, event=None):
    self.parent.destroy()
```

application（アプリ）オブジェクトは次のようにして作成します。

```
application = tkinter.Tk()
```

ウィンドウにタイトルを付けるには、次のようにします。

```
application.title('simplewnd')
```

これで window（ウィンドウ）オブジェクトを作成する準備ができました。

```
window = MainWindow(application)
```

アプリが終了するときには WM_DELETE_WINDOW というメッセージがウィンドウに送られるので、先ほど定義した quit() を呼び出すように設定します。

```
application.protocol('WM_DELETE_WINDOW', window.quit)
```

そして、アプリのメインループ呼び出します。

```
application.mainloop()
```

プログラム全体は次のようになります。GUI アプリのファイルは拡張子を .pyw にすることになっているので注意してください。

10.1 GUI プログラミング

リスト10.1●simplewnd.pyw

```python
# simplewnd.pyw            これはファイル名を示すコメントです。
import tkinter

class MainWindow(tkinter.Frame):
    def __init__(self, parent):
        super(MainWindow, self). __init__(parent)
        self.parent = parent

    def quit(self, event=None):
        self.parent.destroy()

application = tkinter.Tk()
application.title('simplewnd')
window = MainWindow(application)
application.protocol('WM_DELETE_WINDOW', window.quit)

application.mainloop()
```

このファイルを「C:\Python\Ch10」に保存したものと仮定すると、実行するには次のようにします（Windows の例です）。

```
Microsoft Windows [Version 10.0.17134.48]
(c) 2018 Microsoft Corporation. All rights reserved.

C:\Users\notes>cd \Python

C:\Python>cd ch10

C:\Python\Ch10>python simplewnd.pyw
```

図10.2●simplewndの実行例

この単純なプログラムを終了するには、クローズボックスをクリックします。

図10.3●クローズボックス

 このアプリは Linux など UNIX 系 OS でもそのまま動作します。

10.2　ダイアログベースのアプリ

次に、メニューのない、ダイアログボックスベースのアプリを作成してみましょう。

◆ 作成するアプリ

ここで作成するプログラムは、BMI（Body Mass Index、肥満の程度を表す数）を計算して、BMI の値を表示するプログラムです。BMI は次の式で計算します。

BMI = 体重（kg）/(身長（m）×身長（m）)

完成したプログラムのイメージを先に示します。

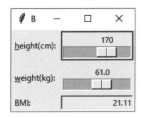

図10.4●BMIアプリ

図10.4のように、「height(cm)」（身長）および「weight(kg)」（体重）というテキストと、2個のスライドする値ボックス、そして「BMI:」というテキストと計算結果であるBMI値をウィンドウの左下に表示します。

このようなダイアログベースのアプリを作成するときには、プログラムの部品であるウィジェット（Widget）を使って作ります。ここで使うウィジェットは、実数値とスライドバーを表示するDoubleVar、結果を表示するStringVar、文字列を表示するLabelです。

◆プログラムコード

最初に、tkinterをインポートします。

```
import tkinter
```

次に、メインウィンドウのクラスMainWindowを定義します。このクラスの定義の最初の部分はsimplewnd.pywと本質的に同じです。

```
class MainWindow(tkinter.Frame):

    def __init__(self, parent):
        super(MainWindow, self).__init__(parent)
        self.parent = parent
```

その後に、ウィジェットをレイアウト（配置）するためにレイアウトマネージャというものを使います。ここではgridレイアウトマネージャを使うことにします。

```
self.grid(row=0, column=0)
```

次に、プログラムで使う変数を定義します。ここでは height と weight を DoubleVar というオブジェクトの値として定義し、それぞれの初期値を 170 と 50 に設定します。

```
self.height = tkinter.DoubleVar()
self.height.set(170.0)
self.weight = tkinter.DoubleVar()
self.weight.set(50.0)
```

また、結果を表示するために bmi という変数を StringVar オブジェクトの値として定義します。

```
self.bmi = tkinter.StringVar()
```

次に実際にウィジェットを作成します。このプログラムでは Label と Scale という 2 種類のウィジェットを使います。

```
heightLabel = tkinter.Label(self, text="height(cm):",
    anchor=tkinter.W, underline=0)
heightScale=tkinter.Scale(self, variable=self.height,
    command=self.updateUi, from_=100, to=200, resolution=1,
    orient=tkinter.HORIZONTAL)
weightLabel = tkinter.Label(self, text="weight(kg):", underline=0,
    anchor=tkinter.W)
weightScale = tkinter.Scale(self, variable=self.weight,
    command = self.updateUi, from_=1, to=100, resolution=0.25,
    orient=tkinter.HORIZONTAL)
bmiLabel = tkinter.Label(self, text="BMI:", anchor=tkinter.W)
actualbmiLabel = tkinter.Label(self, textvariable=self.bmi,
        relief=tkinter.SUNKEN, anchor=tkinter.E)
```

レイアウトはグリッドで row（縦の段の位置）と column（横方向右からの位置）を指定します。

```
# Layout
heightLabel.grid(row=0, column=0, padx=2, pady=2, sticky=tkinter.W)
```

10.2 ダイアログベースのアプリ

```
heightScale.grid(row=0, column=1, padx=2, pady=2, sticky=tkinter.EW)
weightLabel.grid(row=1, column=0, padx=2, pady=2, sticky=tkinter.W)
weightScale.grid(row=1, column=1, padx=2, pady=2, sticky=tkinter.EW)
bmiLabel.grid(row=2, column=0, padx=2, pady=2, sticky=tkinter.W)
actualbmiLabel.grid(row=2, column=1, padx=2, pady=2,
    sticky=tkinter.EW)
```

そして、身長（heightScale）にフォーカスを設定し、BMIの計算を行うメソッド updateUi() を呼び出します。（updateUi() は後で作成します）。

```
heightScale.focus_set()
self.updateUi()
```

キーボードでもフォーカスを移動できるようにキーバインドを設定しますが、これはオプション（任意）です。

```
parent.bind("<Alt-p>", lambda *ignore: heightScale.focus_set())
parent.bind("<Alt-r>", lambda *ignore: weightScale.focus_set())
parent.bind("<Alt-y>", lambda *ignore: yearScale.focus_set())
parent.bind("<Alt-q>", lambda *ignore: self.quit)
```

BMIの計算を行うメソッド updateUi() は、単純な計算式ですが、結果が小数点以下2桁で表示されるように「self.bmi.set("{0:.2f}".format(bmi))」で書式を指定します。

```
def updateUi(self, *ignore):
    bmi = (self.weight.get()*10000.0) / (self.height.get()
                                    * self.height.get())
    self.bmi.set("{0:.2f}".format(bmi))
```

プログラムを終了する quit() は、simplewnd.pyw と同じです。

```
def quit(self, event=None):
    self.parent.destroy()
```

アプリを作成して実行する部分も、本質的に simplewnd.pyw と同じです。

```
application = tkinter.Tk()
application.title('bmi')
```

```
window = MainWindow(application)
application.protocol('WM_DELETE_WINDOW', window.quit)
application.mainloop()
```

プログラム全体は次のようになります。

リスト10.2●bmi.pyw

```
# bmi.pyw
import tkinter

class MainWindow(tkinter.Frame):

    def __init__(self, parent):
        super(MainWindow, self).__init__(parent)
        self.parent = parent
        self.grid(row=0, column=0)
        self.height = tkinter.DoubleVar()
        self.height.set(170.0)
        self.weight = tkinter.DoubleVar()
        self.weight.set(610)
        self.bmi = tkinter.StringVar()
        # Widgets
        heightLabel = tkinter.Label(self, text="height(cm):",
            anchor=tkinter.W, underline=0)
        heightScale=tkinter.Scale(self, variable=self.height,
            command=self.updateUi, from_=100, to=200, resolution=1,
            orient=tkinter.HORIZONTAL)
        weightLabel = tkinter.Label(self, text="weight(kg):", underline=0,
            anchor=tkinter.W)
        weightScale = tkinter.Scale(self, variable=self.weight,
            command = self.updateUi, from_=1, to=100, resolution=0.25,
            orient=tkinter.HORIZONTAL)
        bmiLabel = tkinter.Label(self, text="BMI:", anchor=tkinter.W)
        actualbmiLabel = tkinter.Label(self, textvariable=self.bmi,
                relief=tkinter.SUNKEN, anchor=tkinter.E)
        # Layout
        heightLabel.grid(row=0, column=0, padx=2, pady=2, sticky=tkinter.W)
        heightScale.grid(row=0, column=1, padx=2, pady=2, sticky=tkinter.EW)
        weightLabel.grid(row=1, column=0, padx=2, pady=2, sticky=tkinter.W)
        weightScale.grid(row=1, column=1, padx=2, pady=2, sticky=tkinter.EW)
        bmiLabel.grid(row=2, column=0, padx=2, pady=2, sticky=tkinter.W)
```

```python
            actualbmiLabel.grid(row=2, column=1, padx=2, pady=2,
                sticky=tkinter.EW)
            # initialize
            heightScale.focus_set()
            self.updateUi()
            # key-bind
            parent.bind("<Alt-p>", lambda *ignore: heightScale.focus_set())
            parent.bind("<Alt-r>", lambda *ignore: weightScale.focus_set())
            parent.bind("<Alt-y>", lambda *ignore: yearScale.focus_set())
            parent.bind("<Alt-q>", lambda *ignore: self.quit)

    def updateUi(self, *ignore):
        bmi = (self.weight.get()*10000.0) / (self.height.get()
                                            * self.height.get())
        self.bmi.set("{0:.2f}".format(bmi))

    def quit(self, event=None):
        self.parent.destroy()

application = tkinter.Tk()
application.title('BMI')
window = MainWindow(application)
application.protocol('WM_DELETE_WINDOW', window.quit)
application.mainloop()
```

10.3 標準的なアプリ

ここでは、メニューがある標準的な構成のアプリを作成します。

作成するアプリ◆

作成するアプリは単純なエディタアプリです。

このエディタでは基本的な編集作業ができますが、これはScrolledTextという名前のウィジェットを使って実現します。

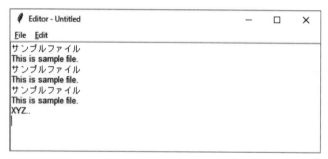

図10.5●Editor

このアプリのメニューは次の通りです。

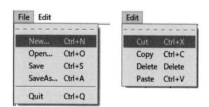

図10.6●Editorの［File］メニューと［Edit］メニュー

ここで作り方を示すアプリは、実用にすることを目的としたものではなく、プログラミングの学習のために提供するものです。実用的なアプリを作成するには、例えばユーザーの誤操作や保存するためのメディアがないなどのシステムの例外に対応した例外処理などのコードを追加する必要があります。

10.3 標準的なアプリ

プログラムコード◆

まず、必要なモジュールをインポートします。

```
import os
import sys
import tkinter
import tkinter.filedialog
import tkinter.messagebox
import tkinter.scrolledtext
```

最初に tkinter.Frame を継承する MainWindow() を定義します。

```
class MainWindow(tkinter.Frame):

    def __init__(self, parent):
        super(MainWindow, self).__init__(parent)
        self.parent = parent
```

初期化関数 __init__() には、さらにファイル名の変数 filename と、変更後に保存したかどうかを示すフラグ dirty を定義します。

```
        self.filename = None
        self.dirty = False
```

次にメニューを定義します。このアプリでは［File］メニューの各メニュー項目（［New...］、［Open...］、［Save］、［SaveAs...］、セパレーター（None で表現）、［Quit］）と、［Edit］メニューの各メニュー項目（［Cut］、［Copy］、［Delete］、［Paste］）を次のように定義します。

```
        menubar = tkinter.Menu(self.parent)
        self.parent["menu"] = menubar

        fileMenu = tkinter.Menu(menubar)
        for label, command, shortcut_text, shortcut in (
                ("New...", self.fileNew, "Ctrl+N", "<Control-n>"),
                ("Open...", self.fileOpen, "Ctrl+O", "<Control-o>"),
                ("Save", self.fileSave, "Ctrl+S", "<Control-s>"),
```

```
            ("SaveAs...", self.fileSaveAs, "Ctrl+A", "<Control-a>"),
            (None, None, None, None),
            ("Quit", self.fileQuit, "Ctrl+Q", "<Control-q>")):
        if label is None:
            fileMenu.add_separator()
        else:
            fileMenu.add_command(label=label, underline=0,
                    command=command, accelerator=shortcut_text)
            self.parent.bind(shortcut, command)
    menubar.add_cascade(label="File", menu=fileMenu, underline=0)

    editMenu = tkinter.Menu(menubar)
    for label, command, shortcut_text, shortcut in (
            ("Cut", self.editCut, "Ctrl+X", "<Control-x>"),
            ("Copy", self.editCopy, "Ctrl+C", "<Control-c>"),
            ("Delete", self.editDelete, "Delete", "<Delete>"),
            ("Paste", self.editPaste, "Ctrl+V", "<Control-v>")):
        editMenu.add_command(label=label, underline=0,
                command=command, accelerator=shortcut_text)
        self.parent.bind(shortcut, command)
    menubar.add_cascade(label="Edit", menu=editMenu, underline=0)
```

初期化関数ではさらに frame オブジェクトを作成して、ScrolledText を作成して txt という名前の変数に結び付け、grid マネージャを使って ScrolledText を配置します。

```
    frame = tkinter.Frame(self.parent)
    self.grid(row=0, column=0)
    self.txt = tkinter.scrolledtext.ScrolledText(self,
                                        font=("Helvetica","10"))
    self.txt.grid(row=0, column=0, sticky=tkinter.NSEW)
    self.txt.focus_set()
    self.parent.title("Editor - Untitled")
```

ここまでが初期化関数の定義です。

以降は、イベントを処理するための関数とそのための支援関数を作成します。

最初に［File］→［New］がクリックされたときに呼び出される関数を定義します。これは、はじめに okayToContinue()（後で作成する）を呼び出して前の内容が保存されているかどうか調べた後で、ScrolledText の中の既存のテキスト self.txt をクリアします。

```
def fileNew(self, *ignore):
    if not self.okayToContinue():
        return
    self.txt.delete('1.0', tkinter.END)
    self.dirty = False
    self.filename = None
    self.parent.title("Editor - Untitled")
```

［File］→［Open］では、filedialog.askopenfilename() を使ってファイルを開く（Open-File）ダイアログボックスを表示し、ファイル名を取得できたら後で作成するloadFile() を呼び出してファイルを読み込みます。

```
def fileOpen(self, *ignore):
    if not self.okayToContinue():
        return
    dir = (os.path.dirname(self.filename)
            if self.filename is not None else ".")
    fname = tkinter.filedialog.askopenfilename(
                title="Editor - Open File",
                initialdir=dir,
                filetypes=[("Editor files", "*.txt")],
                defaultextension=".txt", parent=self.parent)
    if fname:
        self.loadFile(fname)
    self.filename=fname
```

loadFile() では、open() でファイルを開いた後で、read() でファイル全体を読み込みます。

```
def loadFile(self, fname):
    self.filename = fname
    self.txt.delete('1.0', tkinter.END)
    self.dirty = False
    try:
        f=open(fname)
        self.txt.insert(tkinter.END, f.read())
    except (EnvironmentError, pickle.PickleError) as err:
        tkinter.messagebox.showwarning("Editor - Error",
            "Failed to load {0}:¥n{1}".format(
            self.filename, err), parent=self.parent)
```

［File］→［Save］と［File］→［SaveAs...］では、saveFile() という名前の関数を使うことにします。

saveFile() では、ファイル名がまだ付けられていないときには［File］→［SaveAs...］のイベントハンドラである self.fileSaveAs() を呼び出します。

ファイル名が決定したら、open() でファイルを開いて、write() を使って txt の内容を一気に保存します。

```python
def saveFile(self, fname):
    if self.filename is None:
        self.fileSaveAs()
    else:
        try:
            if self.filename:
                f=open(self.filename, 'w')
                f.write(self.txt.get('1.0', tkinter.END))
            self.dirty = False
            self.parent.title("Editor - {0}".format(
                        os.path.basename(self.filename)))
        except (EnvironmentError, pickle.PickleError) as err:
            tkinter.messagebox.showwarning("Editor - Error",
                    "Failed to save {0}:\n{1}".format(
                    self.filename, err), parent=self.parent)
    return True
```

［File］→［Save］では、ファイル名がまだ付けられていないときには［File］→［SaveAs...］のイベントハンドラである self.fileSaveAs() を呼び出し、そうでなければ saveFile() を呼び出します。

```python
def fileSave(self, *ignore):
    if self.filename is None:
        self.fileSaveAs()
    else:
        self.saveFile(self.filename)
```

［File］→［SaveAs...］では、ファイル名を取得してから .saveFile() を呼び出します。

```python
def fileSaveAs(self, *ignore):
    fname = tkinter.filedialog.asksaveasfilename(
```

```
                                title="Editor - Save File",
                                initialdir=".",
                                filetypes=[("Text files", "*.txt")],
                                defaultextension=".txt",
                                parent=self.parent)
        if not fname:
            return False
        self.filename = fname
        if not self.filename.endswith(".txt"):
                self.filename += ".txt"
        self.saveFile(self.filename)
```

［Edit］→［Copy］では、txt の中で現在選択されている範囲を変数 text に保存し、clipboard（クリップボード）に保存します。

```
    def editCopy(self, *ignore):
        if self.txt.tag_ranges(tkinter.SEL):
            text = self.txt.get(tkinter.SEL_FIRST, tkinter.SEL_LAST)
            self.clipboard_clear()
            self.clipboard_append(text)
```

［Edit］→［Paste］では、clipboard（クリップボード）に現在ある内容を変数 text に取り出して、txt の中で現在挿入ポインタ（テキストカーソル）がある場所に挿入します。

```
    def editPaste(self, *ignore):
        text = self.selection_get(selection='CLIPBOARD')
        if text:
            self.txt.insert(tkinter.INSERT, text)
            self.txt.tag_remove(tkinter.SEL, '1.0', tkinter.END)
            self.txt.see(tkinter.INSERT)
            self.dirty = True
```

［Edit］→［Delete］では、txt の中で現在選択されている範囲を削除します。

```
    def editDelete(self, *ignore):
        if self.txt.tag_ranges(tkinter.SEL):
            self.txt.delete(tkinter.SEL_FIRST, tkinter.SEL_LAST)
            self.dirty = True
```

［Edit］→［Cut］では、txtの中で現在選択されている範囲を変数textに保存し、clipboard（クリップボード）に保存した後、txtの中で現在選択されている範囲を削除します。

```python
def editCut(self, *ignore):
    if self.txt.tag_ranges(tkinter.SEL):
        text = self.txt.get(tkinter.SEL_FIRST, tkinter.SEL_LAST)
        self.clipboard_clear()
        self.clipboard_append(text)
        self.txt.delete(tkinter.SEL_FIRST, tkinter.SEL_LAST)
        self.dirty = True
```

［File］→［Quit］では、後で作成するokayToContinue()を呼び出してから、スーパークラスを破棄（destroy）することでプログラムを終了します。

```python
def fileQuit(self, event=None):
    if self.okayToContinue():
        self.parent.destroy()
```

後で作成することにしておいたokayToContinue()では、変数dirtyの内容に従って、保存するかどうかを確認するダイアログボックスを表示し、必要ならfileSave()を呼び出します。

```python
def okayToContinue(self):
    if not self.dirty:
        return True
    reply = tkinter.messagebox.askyesnocancel(
                "Editor - Unsaved Changes",
                "Save unsaved changes?", parent=self.parent)
    if reply is None:
        return False
    if reply:
        return self.fileSave()
    return True
```

アプリのメインプログラム部分は前のサンプルであるBMIと同じです。

```
application = tkinter.Tk()
window = MainWindow(application)
application.protocol("WM_DELETE_WINDOW", window.fileQuit)
application.mainloop()
```

このプログラムはサンプルなので、変更後に保存したかどうかを示すフラグ dirty は厳密に扱っていません。いいかえると、変更後に保存してなくても dirty を True にしていない場合があります。その他、実用的なプログラムとして必要になるコードを省略している部分があります。実用的なアプリとして使いたい場合は、読者自身でコードを追加してください。

プログラム全体は次のようになります。

リスト10.3●editor.pyw

```python
# editor.pyw

import os
import sys
import tkinter
import tkinter.filedialog
import tkinter.messagebox
import tkinter.scrolledtext

class MainWindow(tkinter.Frame):

    def __init__(self, parent):
        super(MainWindow, self).__init__(parent)
        self.parent = parent

        self.filename = None
        self.dirty = False

        menubar = tkinter.Menu(self.parent)
        self.parent["menu"] = menubar

        fileMenu = tkinter.Menu(menubar)
        for label, command, shortcut_text, shortcut in (
                ("New...", self.fileNew, "Ctrl+N", "<Control-n>"),
                ("Open...", self.fileOpen, "Ctrl+O", "<Control-o>"),
```

```python
                    ("Save", self.fileSave, "Ctrl+S", "<Control-s>"),
                    ("SaveAs...", self.fileSaveAs, "Ctrl+A", "<Control-a>"),
                    (None, None, None, None),
                    ("Quit", self.fileQuit, "Ctrl+Q", "<Control-q>")):
            if label is None:
                fileMenu.add_separator()
            else:
                fileMenu.add_command(label=label, underline=0,
                        command=command, accelerator=shortcut_text)
                self.parent.bind(shortcut, command)
        menubar.add_cascade(label="File", menu=fileMenu, underline=0)

        editMenu = tkinter.Menu(menubar)
        for label, command, shortcut_text, shortcut in (
                ("Cut", self.editCut, "Ctrl+X", "<Control-x>"),
                ("Copy", self.editCopy, "Ctrl+C", "<Control-c>"),
                ("Delete", self.editDelete, "Delete", "<Delete>"),
                ("Paste", self.editPaste, "Ctrl+V", "<Control-v>")):
            editMenu.add_command(label=label, underline=0,
                    command=command, accelerator=shortcut_text)
            self.parent.bind(shortcut, command)
        menubar.add_cascade(label="Edit", menu=editMenu, underline=0)

        frame = tkinter.Frame(self.parent)
        self.grid(row=0, column=0)
        self.txt = tkinter.scrolledtext.ScrolledText(self,
                                                    font=("Helvetica","10"))
        self.txt.grid(row=0, column=0, sticky=tkinter.NSEW)
        self.txt.focus_set()
        self.parent.title("Editor - Untitled")

    def fileNew(self, *ignore):
        if not self.okayToContinue():
            return
        self.txt.delete('1.0', tkinter.END)
        self.dirty = False
        self.filename = None
        self.parent.title("Editor - Untitled")


    def fileOpen(self, *ignore):
        if not self.okayToContinue():
            return
```

10.3 標準的なアプリ

```
            dir = (os.path.dirname(self.filename)
                if self.filename is not None else ".")
            fname = tkinter.filedialog.askopenfilename(
                        title="Editor - Open File",
                        initialdir=dir,
                        filetypes=[("Editor files", "*.txt")],
                        defaultextension=".txt", parent=self.parent)
            if fname:
                self.loadFile(fname)
            self.filename=fname


    def loadFile(self, fname):
        self.filename = fname
        self.txt.delete('1.0', tkinter.END)
        self.dirty = False
        try:
            f=open(fname)
            self.txt.insert(tkinter.END, f.read())
        except (EnvironmentError, pickle.PickleError) as err:
            tkinter.messagebox.showwarning("Editor - Error",
                    "Failed to load {0}:\n{1}".format(
                    self.filename, err), parent=self.parent)

    def saveFile(self, fname):
        if self.filename is None:
            self.fileSaveAs()
        else:
            try:
                if self.filename:
                    f=open(self.filename, 'w')
                    f.write(self.txt.get('1.0', tkinter.END))
                self.dirty = False
                self.parent.title("Editor - {0}".format(
                        os.path.basename(self.filename)))
            except (EnvironmentError, pickle.PickleError) as err:
                tkinter.messagebox.showwarning("Editor - Error",
                        "Failed to save {0}:\n{1}".format(
                        self.filename, err), parent=self.parent)
            return True

    def fileSave(self, *ignore):
        if self.filename is None:
```

```python
                self.fileSaveAs()
        else:
            self.saveFile(self.filename)

    def fileSaveAs(self, *ignore):
        fname = tkinter.filedialog.asksaveasfilename(
                        title="Editor - Save File",
                        initialdir=".",
                        filetypes=[("Text files", "*.txt")],
                        defaultextension=".txt",
                        parent=self.parent)
        if not fname:
            return False
        self.filename = fname
        if not self.filename.endswith(".txt"):
                self.filename += ".txt"
        self.saveFile(self.filename)

    def editCopy(self, *ignore):
        if self.txt.tag_ranges(tkinter.SEL):
            text = self.txt.get(tkinter.SEL_FIRST, tkinter.SEL_LAST)
            self.clipboard_clear()
            self.clipboard_append(text)

    def editPaste(self, *ignore):
        text = self.selection_get(selection='CLIPBOARD')
        if text:
            self.txt.insert(tkinter.INSERT, text)
            self.txt.tag_remove(tkinter.SEL, '1.0', tkinter.END)
            self.txt.see(tkinter.INSERT)
            self.dirty = True

    def editDelete(self, *ignore):
        if self.txt.tag_ranges(tkinter.SEL):
            self.txt.delete(tkinter.SEL_FIRST, tkinter.SEL_LAST)
            self.dirty = True

    def editCut(self, *ignore):
        if self.txt.tag_ranges(tkinter.SEL):
            text = self.txt.get(tkinter.SEL_FIRST, tkinter.SEL_LAST)
            self.clipboard_clear()
            self.clipboard_append(text)
            self.txt.delete(tkinter.SEL_FIRST, tkinter.SEL_LAST)
```

```
                self.dirty = True

    def fileQuit(self, event=None):
        if self.okayToContinue():
            self.parent.destroy()


    def okayToContinue(self):
        if not self.dirty:
            return True
        reply = tkinter.messagebox.askyesnocancel(
                    "Editor - Unsaved Changes",
                    "Save unsaved changes?", parent=self.parent)
        if reply is None:
            return False
        if reply:
            return self.fileSave()
        return True

application = tkinter.Tk()
window = MainWindow(application)
application.protocol("WM_DELETE_WINDOW", window.fileQuit)
application.mainloop()
```

◆日本語バージョンの Editor

　メニューやメッセージなどに日本語を使いたいときには、「# -*- coding: ○○○ -*-」という行をソースコードの先頭のほうに挿入します。「○○○」の部分にはエンコーディング名を入れます。たとえば、ソースコードがシフト JIS ファイルであるなら、「# -*- coding: shift-jis -*-」を挿入します。

リスト10.4●editorjp.pyw

```
# editorjp.pyw
# -*- coding: shift-jis -*-

import os
import sys
```

```python
import tkinter
import tkinter.filedialog
import tkinter.messagebox
import tkinter.scrolledtext

class MainWindow(tkinter.Frame):

    def __init__(self, parent):
        super(MainWindow, self).__init__(parent)
        self.parent = parent

        self.filename = None
        self.dirty = False

        menubar = tkinter.Menu(self.parent)
        self.parent["menu"] = menubar

        fileMenu = tkinter.Menu(menubar)
        for label, command, shortcut_text, shortcut in (
                ("新規作成...", self.fileNew, "Ctrl+N", "<Control-n>"),
                ("開く...", self.fileOpen, "Ctrl+O", "<Control-o>"),
                ("保存", self.fileSave, "Ctrl+S", "<Control-s>"),
                ("名前を付けて保存...", self.fileSaveAs, "Ctrl+A",
                                                        "<Control-a>"),
                (None, None, None, None),
                ("終了", self.fileQuit, "Ctrl+Q", "<Control-q>")):
            if label is None:
                fileMenu.add_separator()
            else:
                fileMenu.add_command(label=label, underline=0,
                        command=command, accelerator=shortcut_text)
                self.parent.bind(shortcut, command)
        menubar.add_cascade(label="ファイル", menu=fileMenu, underline=0)

        editMenu = tkinter.Menu(menubar)
        for label, command, shortcut_text, shortcut in (
                ("切り取り", self.editCut, "Ctrl+X", "<Control-x>"),
                ("コピー", self.editCopy, "Ctrl+C", "<Control-c>"),
                ("削除", self.editDelete, "Delete", "<Delete>"),
                ("貼り付け", self.editPaste, "Ctrl+V", "<Control-v>")):
            editMenu.add_command(label=label, underline=0,
                    command=command, accelerator=shortcut_text)
            self.parent.bind(shortcut, command)
```

10.3 標準的なアプリ

```python
            menubar.add_cascade(label="編集", menu=editMenu, underline=0)

            frame = tkinter.Frame(self.parent)
            self.grid(row=0, column=0)
            self.txt = tkinter.scrolledtext.ScrolledText(self,
                                                font=("Helvetica","10"))
            self.txt.grid(row=0, column=0, sticky=tkinter.NSEW)
            self.txt.focus_set()
            self.parent.title("Editor (日本語版) － 無題")

    def fileNew(self, *ignore):
        if not self.okayToContinue():
            return
        self.txt.delete('1.0', tkinter.END)
        self.dirty = False
        self.filename = None
        self.parent.title("Editor (日本語版) － 無題")


    def fileOpen(self, *ignore):
        if not self.okayToContinue():
            return
        dir = (os.path.dirname(self.filename)
                if self.filename is not None else ".")
        fname = tkinter.filedialog.askopenfilename(
                    title="Editor － ファイルを開く",
                    initialdir=dir,
                    filetypes=[("テキストファイル", "*.txt")],
                    defaultextension=".txt", parent=self.parent)
        if fname:
            self.loadFile(fname)
        self.filename=fname


    def loadFile(self, fname):
        self.filename = fname
        self.txt.delete('1.0', tkinter.END)
        self.dirty = False
        try:
            f=open(fname)
            self.txt.insert(tkinter.END, f.read())
        except (EnvironmentError, pickle.PickleError) as err:
            tkinter.messagebox.showwarning("Editor － エラー",
```

```python
                        "読み込みに失敗しました {0}:\n{1}".format(
                        self.filename, err), parent=self.parent)

    def saveFile(self, fname):
        if self.filename is None:
            self.fileSaveAs()
        else:
            try:
                if self.filename:
                    f=open(self.filename, 'w')
                    f.write(self.txt.get('1.0', tkinter.END))
                self.dirty = False
                self.parent.title("Editor - {0}".format(
                            os.path.basename(self.filename)))
            except (EnvironmentError, pickle.PickleError) as err:
                tkinter.messagebox.showwarning("Editor - エラー",
                        "保存に失敗しました {0}:\n{1}".format(
                        self.filename, err), parent=self.parent)
        return True

    def fileSave(self, *ignore):
        if self.filename is None:
            self.fileSaveAs()
        else:
            self.saveFile(self.filename)

    def fileSaveAs(self, *ignore):
        fname = tkinter.filedialog.asksaveasfilename(
                        title="Editor - ファイルを保存",
                        initialdir=".",
                        filetypes=[("テキストファイル", "*.txt")],
                        defaultextension=".txt",
                        parent=self.parent)
        if not fname:
            return False
        self.filename = fname
        if not self.filename.endswith(".txt"):
                self.filename += ".txt"
        self.saveFile(self.filename)

    def editCopy(self, *ignore):
        if self.txt.tag_ranges(tkinter.SEL):
            text = self.txt.get(tkinter.SEL_FIRST, tkinter.SEL_LAST)
```

```python
                    self.clipboard_clear()
                    self.clipboard_append(text)

    def editPaste(self, *ignore):
        text = self.selection_get(selection='CLIPBOARD')
        if text:
            self.txt.insert(tkinter.INSERT, text)
            self.txt.tag_remove(tkinter.SEL, '1.0', tkinter.END)
            self.txt.see(tkinter.INSERT)
            self.dirty = True

    def editDelete(self, *ignore):
        if self.txt.tag_ranges(tkinter.SEL):
            self.txt.delete(tkinter.SEL_FIRST, tkinter.SEL_LAST)
            self.dirty = True

    def editCut(self, *ignore):
        if self.txt.tag_ranges(tkinter.SEL):
            text = self.txt.get(tkinter.SEL_FIRST, tkinter.SEL_LAST)
            self.clipboard_clear()
            self.clipboard_append(text)
            self.txt.delete(tkinter.SEL_FIRST, tkinter.SEL_LAST)
            self.dirty = True

    def fileQuit(self, event=None):
        if self.okayToContinue():
            self.parent.destroy()


    def okayToContinue(self):
        if not self.dirty:
            return True
        reply = tkinter.messagebox.askyesnocancel(
                    "Editor - 変更後保存されていません。",
                    "保存しますか?", parent=self.parent)
        if reply is None:
            return False
        if reply:
            return self.fileSave()
        return True

application = tkinter.Tk()
window = MainWindow(application)
```

```
application.protocol("WM_DELETE_WINDOW", window.fileQuit)
application.mainloop()
```

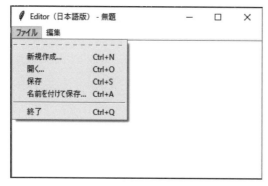

図10.7●editorjpの実行例

第11章

さまざまなモジュール

Pythonではさまざまなモジュールを使うことができます。ここではPythonに標準で添付されているものを中心に、いくつかのモジュールとその使い方を説明します。

11.1 Pythonのモジュール

モジュールとは、import（インポート）文でPythonプログラムの実行前または実行時に取り込むことができるPythonのクラス、関数、プロパティ、定数などの定義です。

◆ Pythonの添付モジュール

Pythonではユーザー（プログラマ）がモジュールを容易に作成できますが、さらに、Pythonには豊富なモジュール群が添付されています。たとえば、これまでの章で使ってきたturtleやos、tkinterなどは、Pythonのモジュールです。この他に、たとえばmathのようなモジュールがあります。

特定のモジュールをまとめたものをライブラリと呼び、インストールできる特定のモジュール群をパッケージと呼ぶことがあります。

ある環境で使うことができるPythonのモジュールを調べるには、Pythonのプロンプトに対して次のコマンドを使います。

```
>>> help('modules')
```

OSのコマンドプロンプトに対して実行するときには、次のコマンドを使います。

```
>python -c "help('modules')"
```

次節で、いくつかの代表的なモジュールとその使い方の例を示します。他の多くのモジュールも、以下に示す使用例と同様にモジュールをimport（インポート）するだけで使用することができます。その他のモジュールも含めた詳細な情報については、Pythonのドキュメントや他の資料を参照してください。

◆ モジュール使用上の注意点

Pythonでモジュールを使う際には、以下のような注意点があります。

- ほとんどのモジュールの要素はどのプラットフォームでも同じように使えますが、やむをえない理由によってプラットフォームによっては使えないものがあります。特にUNIX系OS（Linux、macOS）とWindowsでは、サポートされる機能が異なるため、一方のプラットフォームでは使用できても他方では使えないケースがあります。
- Pythonのバージョンによって、モジュールの配置場所や名前（大文字／小文字の違いを含む）が異なる場合があります。そのため、import文の記述方法に注意する必要があります。
- 標準的なモジュールは一般的にはPythonをインストールする際に自動的にインストールされますが、自動的にはインストールされない場合もあります。また、特定の機能に特化したモジュールは、通常、Pythonとは別にインストールする必要があります。使おうとするモジュールがインストールされていない場合は、そのモジュールをインストールしてください。
- すべてのモジュールが標準で添付されているわけではありません。モジュールによっては、それを使うために特定のモジュール／パッケージをインストールする必要があります。

11.2 さまざまなモジュール

ここではいくつかの基本的なモジュールに備わっている機能の例を見てみましょう。

◆ sys モジュール ◆

sys モジュールには、システムパラメータ（インタープリタで使用・管理している変数）とインタープリタの動作に深く関連する関数が定義されています。

sys モジュールのシステムパラメータを次の表に示します。

表11.1●sysモジュールの主なシステムパラメータ

パラメータ	機能
sys.argv	Python スクリプトに渡されたコマンドライン引数のリスト。
sys.byteorder	プラットフォームのバイト順（ビッグエンディアン＝最上位バイトが先頭 ='big'、リトルエンディアン ='little'）を示します。
sys.subversion	3 つ組 (repo, branch, version) で Python インタープリタの Subversion 情報を表します。
sys.builtin_module_names	コンパイル時に Python インタープリタに組み込まれた、すべてのモジュール名のタプルを返します。
sys.copyright	Python インタープリタの著作権を表示する文字列。
sys.dllhandle	Python DLL のハンドルを示す整数（Windows）。
sys.__displayhook__	起動時の displayhook の値を保存しています。
sys.__excepthook__	起動時の excepthook の値を保存しています。
sys.exec_prefix	Python のプラットフォーム依存なファイルがインストールされているディレクトリ名 (サイト固有) を表します。
sys.executable	Python インタープリタの実行ファイルの名前を示す文字列。
sys.flags	コマンドラインフラグの状態を表します（例：debug=-d）。
sys.float_info	float 型に関する情報を表します。
sys.hexversion	単精度整数にエンコードされたバージョン番号を表します。
sys.long_info	Python における整数の内部表現に関する情報を表します。
sys.maxint	Python の整数型でサポートされる、最大の整数を表します。

11.2 さまざまなモジュール

パラメータ	機能
sys.maxsize	プラットフォームの Py_ssize_t 型がサポートしている最大の正の整数（リスト、文字列、辞書、その他コンテナ型の最大のサイズ）を表します。
sys.maxunicode	Unicode 文字の最大のコードポイントを示す整数を表します。
sys.meta_path	finder（検索）オブジェクトのリストです。
sys.modules	ロード済みモジュールのモジュール名とモジュールオブジェクトの辞書を表します。
sys.path	モジュールを検索するパスを示す文字列のリストを表します。
sys.platform	プラットフォームを識別する文字列を表します。
sys.prefix	プラットフォームに依存しないファイルを格納するディレクトリを示す文字列を表します。
sys.ps1	インタープリタの一次プロンプト（デフォルトで >>>）を表します。
sys.ps2	インタープリタの二次プロンプト（デフォルトで ...）を表します。
sys.tracebacklimit	捕捉されない例外が発生した時、出力されるトレースバック情報の最大レベル数を表します。
sys.version	Python インタープリタのバージョンとビルド番号・使用コンパイラなどの情報を示す文字列です。
sys.api_version	使用中のインタープリタの C API バージョン。
sys.version_info	バージョン番号を示す 5 個の値のタプル（major, minor, micro, releaselevel, serial）を表します。

sysモジュールの主な関数を次の表に示します。

表11.2●sysモジュールの主な関数

関数	機能
sys.call_tracing(func, args)	トレーシングが有効な間、func(*args) を呼び出します。
sys._current_frames()	各スレッドの識別子を関数が呼ばれた時点のそのスレッドでアクティブになっている一番上のスタックフレームに結びつける辞書を返します。
sys.displayhook(value)	value を sys.stdout に出力して __builtin__._ に保存します。
sys.excepthook(type, value, traceback)	指定したトレースバックと例外を sys.stderr に出力します。
sys.exc_info()	現在処理中の例外を示す 3 つの値のタプルを返します。
sys.exc_clear()	現在のスレッドで処理中、又は最後に発生した例外の情報をすべてクリアします。
sys.exit([arg])	Python を終了します。
sys.getdefaultencoding()	現在の Unicode 処理のデフォルトエンコーディング名を返します。
sys.getfilesystemencoding()	Unicode ファイル名をシステムのファイル名に変換する際に使用するエンコード名を返します。
sys.getrefcount(object)	object の参照数を返します。
sys.getrecursionlimit()	現在の最大再帰数を返します。
sys.getsizeof(object[, default])	object のサイズをバイト数で返します。
sys._getframe([depth])	コールスタックからフレームオブジェクトを取得します。
sys.getprofile()	setprofile() 関数などで設定した profiler 関数を取得します。
sys.gettrace()	settrace() 関数などで設定した trace 関数を取得します。
sys.getwindowsversion()	実行中の Windows バージョンを示す、名前付きタプルを返します。
sys.setcheckinterval(interval)	インタープリタの " チェック間隔 " を示す整数値を設定します。

関数	機能
sys.setdefaultencoding(name)	現在の Unicode 処理のデフォルトエンコーディング名を設定します。
sys.setprofile(profilefunc)	システムのプロファイル関数を登録します。
sys.setrecursionlimit(limit)	Python インタープリタの、スタックの最大の深さを limit に設定します。
sys.settrace(tracefunc)	システムのトレース関数を登録します。

次の例は、現在設定されている Python のモジュール検索パスを調べる例です。

```
>>> import sys
>>> sys.path
['', 'C:¥¥Users¥¥notes¥¥AppData¥¥Local¥¥Programs¥¥Python¥¥Python37¥¥python3
7.zip', 'C:¥¥Users¥¥notes¥¥AppData¥¥Local¥¥Programs¥¥Python¥¥Python37¥¥DLLs
', 'C:¥¥Users¥¥notes¥¥AppData¥¥Local¥¥Programs¥¥Python¥¥Python37¥¥lib', 'C:
¥¥Users¥¥notes¥¥AppData¥¥Local¥¥Programs¥¥Python¥¥Python37', 'C:¥¥Users¥¥no
tes¥¥AppData¥¥Local¥¥Programs¥¥Python¥¥Python37¥¥lib¥¥site-packages']
>>>
```

◆ math モジュール

math モジュールは良く使われる数学の定数と数学関数が定義されているモジュールで、math を import（インポート）しさえすれば、いつでも利用できます。

math モジュールの関数で複素数を使うことはできません。複素数に対応する必要がある場合は、cmath モジュールにある同じ名前の関数を使ってください。

このモジュールで定義されている重要な定数が 2 個あります。

math.pi は、π（円周率）を表す定数で、約 3.14159 です。特定のプラットフォームでの正確な値は、math.pi を実行するだけで調べることができます。

```
>>> import math
>>> math.pi
3.141592653589793
```

　上の例はMicrosoft C/C++コンパイラしたWindows用Pythonの一例です。この値を使って、たとえば半径5.0の円の面積を求めるには次のようにします。

```
>>> a=5.0*5.0*math.pi
>>> a
78.53981633974483
```

　math.eは、e（自然対数の底）の値を表します。

```
>>> math.e
2.718281828459045
>>>
```

　mathモジュールには次の表に示すような数多くの関数が提供されています。

表11.3●mathモジュールの関数

関数	機能
math.acos(x)	xの逆余弦を返します。
math.acosh(x)	xの逆双曲線余弦を返します。
math.asin(x)	xの逆正弦を返します。
math.asinh(x)	xの逆双曲線正弦を返します。
math.atan(x)	xの逆正接を返します。
math.atan2(y, x)	y / xの逆正接をラジアンで返します。
math.atanh(x)	xの逆双曲線正接を返します。
math.ceil(x)	x以上の最も小さい整数をfloat型で返します。
math.copysign(x, y)	xにyの符号を付けて返します。
math.cos(x)	xの余弦を返します。

関数	機能
math.cosh(x)	x の双曲線余弦を返します。
math.degrees(x)	角 x をラジアンから度に変換します。
math.erf(x)	x の誤差関数を返します。
math.erfc(x)	x の相補誤差関数を返します。
math.exp(x)	e**x を返します。
math.expm1(x)	e**x - 1 を返します。
math.fabs(x)	x の絶対値を返します。
math.factorial(x)	x の階乗を返します。
math.floor(x)	x の床値（floor）、すなわち x 以下の最も大きい整数を float 型で返します。
math.fmod(x, y)	x を y で割った余りを返します。浮動小数点の場合にはこの関数を使います（整数の場合には x % y を使うことが推奨されます）。
math.frexp(x)	x の仮数と指数を (m, e) のペアとして返します。
math.fsum(iterable)	iterable 中の値の浮動小数点数の正確な和を返します。
math.gamma(x)	x のガンマ関数を返します。
math.hypot(x, y)	ユークリッド距離 (sqrt(x*x + y*y)) を返します。
math.isinf(x)	浮動小数点数 x が正または負の無限大であるかチェックします。
math.isnan(x)	浮動小数点数 x が NaN（not a number）であるかチェックします。
math.ldexp(x, i)	x * (2**i) を返します。
math.lgamma(x)	x のガンマ関数の絶対値の自然対数を返します。
math.log(x[, base])	引数が 1 つの場合、x の（e を底とする）自然対数を返します。引数が 2 つの場合、log(x)/log(base) として求められる base を底とした x の対数を返します。
math.log10(x)	x の 10 を底とした対数 (常用対数) を返します。
math.log1p(x)	1+x の自然対数 (底 e の対数) を返します。
math.modf(x)	x の小数部分と整数部分を返します。両方の結果は x の符号を受け継ぎます。整数部は float 型で返されます。
math.pow(x, y)	x の y 乗を返します。
math.radians(x)	角 x を度からラジアンに変換します。
math.sin(x)	x の正弦を返します。
math.sinh(x)	x の双曲線正弦を返します。
math.sqrt(x)	x の平方根を返します。

関数	機能
math.tan(x)	x の正接を返します。
math.tanh(x)	x の双曲線正接を返します。
math.trunc(x)	x の Integral（たいてい長整数）へ切り捨てられた Real 値を返します。

以下に 3 種類の関数の使い方の例を示します。

次の例は、「-1.23」の絶対値を返します。

```
>>> import math
>>> math.fabs(-1.23)
1.23
```

次の例は、2.0**3.0 と同じ計算を行います。

```
>>> math.pow(2.0, 3.0)
8.0
```

次の例は、$\sqrt{36}$ の結果を返します。

```
>>> math.sqrt(36)
6.0
```

◆ random モジュール

random モジュールは、プログラミングで良く使われる乱数を生成するためのモジュールです。厳密に言うと、発生される乱数は数学的に完全な乱数ではなく、まれに予測可能な数が発生することがある擬似乱数ですが、高度な暗号プログラムなどを除くほとんどの用途に、生成される値は乱数として使うことができます。

主な関数を次の表に示します。

表11.4 ● randomモジュールの主な関数

関数	機能
random.seed([x])	基本乱数生成器を初期化します。x を省略すると現在のシステム時間が使われます。
random.getstate()	乱数生成器の現在の内部状態を記憶したオブジェクトを返します。このオブジェクトを setstate() に渡して内部状態を復帰することができます。
random.setstate(state)	setstate() が呼び出された時の乱数生成器の内部状態を復帰します。
random.jumpahead(n)	内部状態を、現在の状態から、非常に離れているであろう状態に変更します。
random.getrandbits(k)	k ビット分の乱数ビットを納めた Python の long 整数を返します。
random.randrange([start], stop[, step])	range(start, stop, step) の要素からランダムに選ばれた要素を返します。
random.randint(a, b)	a <= N <= b であるようなランダムな整数 N を返します。
random.choice(seq)	空でないシーケンス seq からランダムに要素を返します。
random.shuffle(x[, random])	シーケンス x を直接変更によって混ぜます。
random.sample(population, k)	母集団のシーケンスから選ばれた長さ k の一意な要素からなるリストを返します。
random.random()	0.0 〜 1.0 の範囲のランダムな浮動小数点数を返します。
random.uniform(a, b)	a <= b であれば a <= N <= b であるようなランダムな浮動小数点数 N を返し、b < a であれば b <= N <= a になります。
random.triangular(low, high, mode)	low <= N < high でありこれら境界値の間に指定された最頻値 mode を持つようなランダムな浮動小数点数 N を返します。
random.betavariate(alpha, beta)	ベータ分布で 0 〜 1 の値を返します。
random.expovariate(lambd)	指数分布で 0 から正の無限大の範囲の値を返します。
random.gammavariate(alpha, beta)	ガンマ分布で 0 〜 1 の値を返します。
random.gauss(mu, sigma)	ガウス分布で 0 〜 1 の値を返します。
random.lognormvariate(mu, sigma)	対数正規分布で 0 〜 1 の値を返します。

関数	機能
random.normalvariate(mu, sigma)	正規分布で0～1の値を返します（muは平均、sigmaは標準偏差）。

次に乱数を生成する例を示します。

```
>>> import random
>>> random.seed()                   # 乱数ジェネレータを初期化する
>>> for n in [1,2,3,4,5]:           # 5個の乱数を生成する
...     print (random.random())
...
0.20258572311195966
0.42664955591354682
0.139736379532107 27
0.79909294911709872
0.38410559633850516
>>> random.gammavariate(.5, .8)     #ガンマ分布で乱数を生成する
0.8355668417676118
>>>
```

また、例えば、1～15の範囲の奇数のリストからランダムに値を選ぶときには、次のようにします。

```
>>> import random                   # すでにインポートしてある場合は不要
>>> random.choice([1,3,5,7,9,11,13,15])
```

◆ time モジュール

　time モジュールは、時刻に関するさまざまな関数を提供します。このモジュールの関数を使って時計のようなアプリケーションを作成する他に、実行時間を計測するときなどにも便利に使うことができます。また、time.sleep() はデバッグにも便利に使うことができます。

　time モジュールでよく使われるエポックは、通常、1970/1/1 の 0:0 を表します。

time モジュールの主な関数を次の表に示します。

表11.5●timeモジュールの主な関数

関数	機能
time.asctime([t])	gmtime() や localtime() が返す時刻を文字列に変換します。t を省略した場合には、localtime() が返す現在の時刻が使われます。
time.clock()	現在のプロセッサ時間（秒）または最初にこの関数が呼び出されてからの経過時間を浮動小数点数で返します。
time.ctime([secs])	エポックからの経過秒数で表現された時刻を、ローカルの時刻を表現する文字列に変換します。
time.daylight	DST タイムゾーンが定義されている場合ゼロでない値になります。
time.gmtime([secs])	エポックからの経過時間で表現された時刻を、UTC における struct_time に変換します。
time.localtime([secs])	エポックからの経過時間で表現された時刻を、ローカルタイムに変換します。
time.mktime(t)	localtime() の逆を行う関数です。
time.sleep(secs)	指定された秒数の間実行を停止します。
time.strftime(format[, t])	gmtime() や localtime() が返す値を format で指定した文字列形式に変換します。たとえば、format を "%y/%m/%d-%H:%M:%S" とすると「'12/01/28-10:47:28'」のように表示されます。
time.strptime(string[, format])	時刻を表現する文字列をフォーマットに従って解釈し struct_time を返します。
time.time()	時刻（UTC におけるエポックからの秒数）を浮動小数点数で返します。

次の例は、現在の日時を表示する例です。

```
>>> import time
>>> time.strftime("%y/%m/%d-%H:%M:%S")
'18/06/08-09:13:20'
```

◆ webbrowser モジュール

webbrowser モジュールは、便利なウェブブラウザコントローラーの関数を定義したモジュールです。デフォルトのウェブブラウザが設定されていると、このモジュールの open() を呼び出すだけでウェブブラウザにウェブページが表示されます。ウェブブラウザは環境変数 BROWSER に設定することもできます。

webbrowser に定義されている関数は次の通りです。

表11.6●webbrowserの主な関数

関数	機能
webbrowser.open(url[, new=0[, autoraise=True]])	デフォルトのブラウザで url を表示します。
webbrowser.open_new(url)	可能であれば、デフォルトブラウザの新しいウィンドウで url を開きますが、そうでない場合はブラウザのただ1つのウィンドウで url を開きます。
webbrowser.open_new_tab(url)	可能であれば、デフォルトブラウザの新しいページまたはタブで url を開きますが、そうでない場合は open_new() と同様に動作します。

次の例は、Python のウェブページをデフォルトのウェブブラウザで開く例です。

```
>>> import webbrowser
>>> webbrowser.open('http://www.python.org')
True
```

◆ threading モジュール

プログラムの実行部分（スレッド）に関連する値や関数が定義されています。また、いくつかの便利なサブクラスが定義されています。たとえば、Timer オブジェクト（クラス）は、一定時間経過後に実行される活動（タイマー活動）を表現する Thread のサブクラスです。

スレッドオブジェクトを生成したら、スレッドの start() を呼び出してスレッドを開始

します。start() はそれぞれのスレッドの run() を起動します。

Thread オブジェクトにある主なメソッドを以下に示します。

表11.7●Threadオブジェクトの主なメソッド

メソッド	機能
Thread(group, target, name, args, kwargs)	コンストラクタです。target には run() メソッドによって起動される呼出し可能オブジェクトを指定します。
start()	スレッドの活動を開始します。
run()	スレッドの活動をもたらすメソッドです。
join([timeout])	スレッドが終了するまで待機します。
is_alive()	スレッドが生存中かどうかを返します。
isAlive()	スレッドが生存中かどうかを返します。

◆ Timer オブジェクト

このクラスは、タイマー（タイマともいう）を表現する Thread のサブクラスです。Timer オブジェクトは Thread のサブクラスなので、Thread のメソッド（たとえば start() や isAlive() など）を呼び出すことができます。また、cancel() を実行するとタイマーを停止して、その動作の実行をキャンセルします。

次の例は、10 秒後に「hello, Python!」を出力するスレッドをスタートします。

```
import threading

def hello():
    print ("hello, Python!")

t = threading.Timer(10.0, hello)
t.start()
```

第12章

その他の話題

ここでは、これまでの章で取り上げなかったことのうち、Pythonのプログラマにとって興味深いと思われる事柄をいくつか取り上げます。

12.1 IDLE

　IDLE（Integrated Development and Learning Environment）は、Pythonの統合開発学習環境です。IDLEには、インタラクティブシェルモードと編集モードがあります。

　IDLEは、Windowsでは自動的にインストールされて、スタートメニューにメニュー項目が表示されます。

図12.1●Windowsのスタートメニュー

　LinuxなどのUNIX系OSでは、ターミナル（端末）から「idle」を入力して起動します。LinuxのディストリビューションによってはIDLEがインストールされていない場合があるので、その場合にはパッケージまたはソースからインストールする必要があります。

 環境によっては、IDLEを起動する際に「idle3」のようにメジャーバージョン番号を最後に付けて入力する必要があります。

◆インタラクティブシェルモード ◆

　インタラクティブシェルモードは、OSのコマンドプロンプトに対して「python」と入力してPythonのインタラクティブシェル（インタープリタ）を起動したときと同じような操作を行うことができます。加えて、メニューから機能を選択して利用することができます。

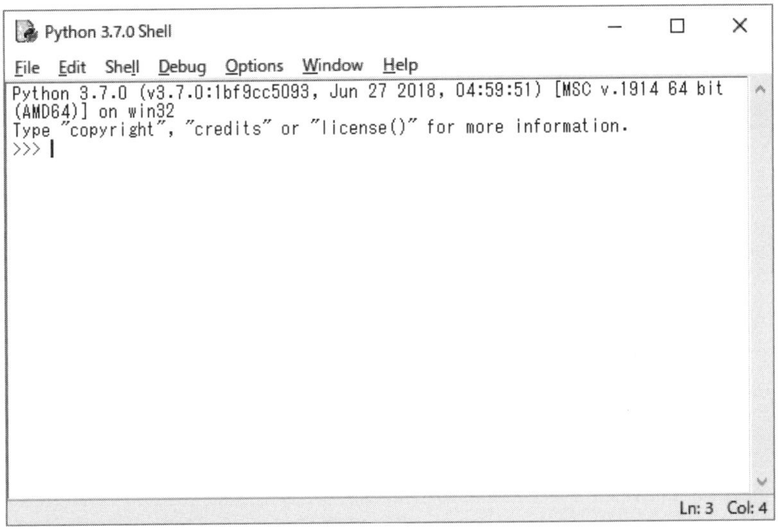

図12.2●IDLEの起動画面（Windows版）

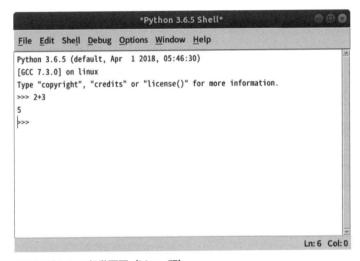
図12.3●idleの起動画面（Linux版）

　IDLEのインタラクティブシェルのメニューの概要を次の表に示します。これらのメニュー項目のうち、多くは編集モード時と共通です（バージョンによってはこれとは多少異なる場合があります）。

表12.1●IDLEのインタラクティブシェルのメニュー

File メニュー	
New Window	新しい編集ウィンドウを表示します。
Open...	既存のファイルを開きます。
Recent Files...	最近開いたファイルのリストが表示されるので、そこから選択してファイルを開くことができます。
Open Module...	既存のモジュールを開きます（sys.pathを検索します）。
Class Browser	現在のファイルのクラスとメソッドを表示します。
Path Browser	sys.pathで検索できるディレクトリとモジュール、クラス、メソッドを表示します。
Save	現在のウィンドウに関連するファイルを保存します（保存されていない場合はウィンドウのタイトルに*が付きます）。
Save As...	現在のウィンドウの内容を新しいファイルに保存します。これにより、関連するファイルとなります。
Save Copy As...	現在のウィンドウの内容を別のファイルに保存します。これにより、関連するファイルが変わります。
Print Window	現在のウィンドウの内容を印刷します。
Close	現在のウィンドウを閉じます（保存されていない場合は確認のダイアログボックスが表示されます）。
Exit	すべてのウィンドウを閉じます（保存されていない場合は確認のダイアログボックスが表示されます）。
Edit メニュー	
Undo	現在のウィンドウの最後の変更を元に戻します。
Redo	最後に行った操作を再度行います。
Cut	選択範囲をクリップボードに保存してウィンドウから削除します。
Copy	選択範囲をクリップボードに保存します。
Paste	クリップボードの内容をウィンドウに挿入します。
Select All	編集バッファの内容全体を選択します。
Find...	検索ダイアログボックスを表示します。
Find Again	最後の検索を繰り返します。
Find Selection	選択範囲内の文字列を検索します。
Find in Files...	ファイル検索のダイアログボックスを表示します。
Replace...	検索・置換ダイアログボックスを表示します。

12.1 IDLE

Go to Line	行番号を入力するとその行を表示します。
Show Calltip	関数パラメータのヒントがある小さいウィンドウを表示します。
Show Completions	選択できるキーワードや属性のリストが表示されます。
Show Parens	囲っているかっこをハイライト表示します。
Expand Word	一部タイプした語に一致する語を表示します。繰り返し選択すると、別の一致する語を表示します。

Shell メニュー

View Last Restart	最後に再スタートした位置にシェルをスクロールします。
Restart Shell	新しい環境でインタープリタを再スタートします。

Debug メニュー

Go to File/Line	挿入ポインタ（テキストカーソル）があるファイル名と行番号を探して、ファイルを開きその行を表示します。
Debugger (toggle)	デバッガのもとでシェルの中のコマンドを実行します。
Stack Viewer	最後の例外のスタックトレースを表示します。
Auto-open Stack Viewer	トレースバックでスタックビューワを開くように／開かないように切り替えます。

Options メニュー

Configure IDLE	環境設定のダイアログボックスを表示します。macOSでは、代わりに[IDLE]-[Preferences...]を使ってください。

Windows メニュー

Zoom Height	ウィンドウの設定サイズと最大高さを切り替えます。
その他の項目	そのウィンドウを開き上に（手前に）表示します。

Help メニュー

About IDLE	バージョン、著作権、ライセンスなどを表示します。
IDLE Help	-- Display this file
Python Docs	ドキュメントを表示します。

◆ 編集モード

スクリプトを読み込むと、idle の編集モードウィンドウが開きます。編集モード時にはメニューの一部が変わります。

図12.4●IDLEでプログラム（Windows版、スクリプトを開いた状態）

IDLE の編集モードのメニューの概要を次の表に示します。メニュー項目のうち、多くはインタラクティブシェルモード時と共通なので、ここにないメニュー項目は上の表を参照してください。

表12.2●IDLEのファイル編集時特有のメニュー

Options メニュー	
Code Context	選択したコードのブロックコンテンツを表示するペインを編集ウィンドウの上に表示します。
Format メニュー	
Indent Region	選択されている行をスペース4個分右にずらす。
Dedent Region	選択されている行をスペース4個分左にずらす。
Comment Out Region	選択されている行の先頭に##を挿入してコメントにする。
Uncomment Region	選択されている行の先頭の##を削除してコメントでなくする。
Tabify Region	行の先頭のスペースをタブに変更する。
Untabify Region	すべてのタブを適切な数のスペースにする。
New Indent Width...	インデントを変更するためのダイアログボックスを表示する。
Format Paragraph	現在の空行で区切られたパラグラフの書式を整え直す。
Run メニュー	
Python Shell	Pythonのシェルウィンドウを開くか手前に表示する。
Check Module	モジュールのシンタックスチェックを行う。
Run Module	現在のファイルを名前空間__main__の中で実行する。

12.2 デバッグ

　プログラムを作成すると、プログラムの中に間違いが紛れ込んで、プログラムを実行したときに意図したのとは異なる結果になることがあります。このような間違いをバグといい、バグを直すことをデバッグといいます。ここではデバッグの基本的な方法を学びます。

◆ プログラムのテスト

　プログラムができたら、プログラムが予期した通り正常に機能するかどうか調べます。プログラム全体ができていなくても、ある部分が予期した通り正常に機能するかどうか調べることもあります。このような作業をプログラムのテストといいます。

テストの方法は、一般的にはプログラムを実行して結果や得られた状態を調べるということになりますが、プログラムによってはとても多くの異なる条件で実行する必要がある場合があります。そのようなときには、さまざまな方法で操作してみる、いろいろなデータを用意して実行してみる、乱数を使って自動的に条件を変えて実行する、などの方法をとります。

Pythonの場合、IDLEのメニューの［Run］→［Check Module］を実行することで、シンタックスエラー（文法的な誤り）の多くをチェックすることができます。しかし、それで問題点が指摘されなければプログラムに間違いがないというわけではありません。

◆ユニットテスト

Pythonには、ユニットテストと呼ぶ、小さなユニット（単位）をテストするための方法がいくつか提供されています。

たとえば、引数の値を2倍する次のような関数を記述したものとします。

```
def twice(x):
    return 2*x
```

これが正しいかどうか検討するには、一定の範囲の値で「twice(x) == x + x」であるかどうか調べることでテストできます。

テストするためには、まず、テストの対象となるクラスを作成します。

```
class MyMath(object):

    def twice(self, x):
        return 2*x
```

さらに、テストするクラスを作成します。

```
class Test(unittest.TestCase):

    def setUp(self):
        self.obj = MyMath()

    def testDown(self):
        pass
```

```
    def test1to8(self):
        for i in range(1,9):
            assert self.obj.twice(i) == i + i
```

　setUp(self) と testDown(self) は、このようなテストで使う定型パターンのメソッドであると考えてください。実際の関数のテストは、test で始まる名前の関数の中で行います。この場合は、テストを test1to8() で行います。これは 1 〜 8 の範囲で、twice(x) が x+x と等しいかどうか調べます。assert は、後の式が真であるかどうかを判定します。

　実際にプログラムを実行するためには unittest モジュールのインポートと main() が必要なので、テストプログラム全体は次のようになります。

リスト12.1●utest.py

```
# utest.py

import unittest

class MyMath(object):

    def twice(self, x):
        return 2*x

class Test(unittest.TestCase):

    def setUp(self):
        self.obj = MyMath()

    def testDown(self):
        pass

    def test1to8(self):
        for i in range(1,9):
            assert self.obj.twice(i) == i + i

unittest.main()
```

標準関数 range() は、指定した範囲の数列を含むリストを生成するための関数です。この場合、range(1,9) は [1,2,3,4,5,6,7,8] を生成します。

実行結果は次のようになります。

```
C:\Python\Ch12>python utest.py
..
----------------------------------------------------------------------
Ran 2 tests in 0.000s

OK
```

このようなユニットテストは、テストの条件が自動的に作成されるわけではなく、自分で論理的にテストを組み立てなければならないので、必ずしも常に有効というわけではありません。しかし、この例のように範囲を指定してテストするような場合で、大きな範囲（たとえば1から1000まで、つまり range(1, 1001)）を一気にテストしてみたいようなときには大いに役立ちます。

◆ デバッグの手順

プログラムのテストで問題が明らかになったら、一般的には、次の手順でデバッグを行います。

（1）症状の把握
（2）バグの発生場所の特定
（3）バグの修正

> **COLUMN　最良のデバッグ方法**
>
> 　最も良いデバッグの方法は、デバッグしないで済むプログラムを設計して作ることです。当たり前のことのように感じるかもしれませんが、これが真理です。ちょっとぐらい間違っていても後で直せばよいという気持ちでデバッグすることを前提にして開発したプログラムには、予期したバグの他に、必ず予期しないバグが含まれています。
> 　最初からバグのないプログラムを書くことは、とても重要です。バグのないプログラムを書くためには、企画や設計という、プログラムコードに取り掛かる前の段階に十分時間をかけることが大切です。コードを書いている時にも、単に動作すればよいという態度ではなく、バグが紛れこまないように細心の注意を払います。それでもバグが発生したら、デバッグを行います。

◆ 症状の把握

　デバッグを行う時に、症状を把握することが、意外に困難であることがあります。たとえば、特定の状況の時にしか現れない症状や、プログラムがまったく反応せず、何がなんだかわからないという状況は厄介です。いずれにしても、次のステップに進むためには症状を明確にする必要があります。

　症状を明確に把握するためには、十分なテストを行うと共に、Python では input() や time.sleep() を挿入してプログラムの実行を意図的に一時停止する方法も役立ちます。

◆ 追跡の方法

　Python のプログラムのデバッグでは、プログラムの要所やサブルーチンの先頭に、デバッグに役立ちそうな情報を出力するコードを挿入する方法が便利です。

　なお、特定のコードが実行されたらビープ音を鳴らす、というような音を使ったデバッグのためのコードを追加する方法も有効です。

バグの発生場所を特定するには、他の高級言語ではソースコードレベルデバッガを使うのが一般的です。これは、怪しいと思われる場所の最初の部分、または、ここまでは間違いないと思われる範囲の最後などにブレークポイントを設定して、ステップ実行しながら変数の値や呼び出されるサブルーチンを調べます。Pythonでは、プログラムを実行すると生成される.pycファイルを開いてプログラムを詳しく調べることができます。ただし、この方法は高度な手法なので、本書の範囲を超えます。

◆ バグの修正

バグの発生場所が特定できたら、たいていの場合、そこを直せばよいので、バグの修正は簡単な作業です。とはいえ、直すコードが本当に正しいかどうか自信のない場合もあるでしょう。そのようなときには、前のコードはコメントにしてとっておいて、その後に訂正したコードを入力して、実行してみます。それで問題がなくなったことが確認できれば、コメント（つまり修正前のコード）を削除します。

12.3 Pythonの応用

第10章ではPythonの1つの応用例としてGUIプログラミングについて説明しましたが、Pythonの応用範囲は多岐にわたります。ここではその中の代表的な例を紹介します。

◆ 教育

本書でも取り上げているタートルグラフィックスのように、プログラミングを容易に修得できるようにPythonはさまざまなところで活用されています。特に、ロボットを操作する外部インタフェースを制御するライブラリを使った応用例は、小さな子供にも好評です。

他の多くのプログラミング言語では、たとえば繰り返し処理をするための構文がいくつもありますが、Pythonは「繰り返しはwhile文で行う」というようにとてもシンプル

なので、学習が容易な点もプログラミングの入門にとって適切です。

◆ グラフィックス

第 10 章で学んだような単純な GUI アプリは、Tkinter というモジュールでサポートされます。その他に、各種形式の画像ファイルの読み込みや保存、操作のための機能を提供するライブラリとして、Python Imaging Library（PIL）や Pillow があり、グラフを描画するライブラリとして Matplotlib があります。また、グラフィックスエンジン OpenGL へのインタフェースを提供する pyOpenGL、画像処理にも使うことができる OpenCV へのインタフェースを提供する pyOpenCV、3D グラフィックスやアニメーションのための VPython など、さまざまなライブラリが提供されています。

◆ 科学技術計算

Python そのものは、単純な計算であれば実数と整数の区別も曖昧なままで使うことができるプログラミング言語ですが、適切なライブラリを利用することによって高度な数値計算を高精度で行うこともできます。数値計算用のライブラリ NumPy、多項式や微積分に使うことができる SymPy、より高度な数値計算のための SciPy、シミュレーションフレームワーク SimPy などがあります。

また、計算の高速化に役立つ CUDA へのインタフェースを提供する pyCUDA や、OpenCL へのインタフェースを提供する pyOpenCL もあります。

◆ 機械学習

これまでの買い物の傾向から次にある人が興味を持つであろう物を予測したり、迷惑メールを振り分けたり、従来は人間が目で見なければ判断できなかった画像の判定など、たくさんのデータを解析し、そのデータから規則や判断基準などを抽出することを機械学習といいます。この機械学習にも Python は使われています。

機械学習のライブラリとして代表的なものは scikit-learn で、データ解析のための pandas もよく使われます。また、機械学習にも使うことができる OpenCV へのインタフェースを提供する pyOpenCV もあります。

12.4 次のステップ

ここでは、本書で学んだことをもとにして、実践的なプログラミングを行うための指針を示します。

◆ 学習の進め方

本書ではPythonのごく基本的なことを学びました。Pythonのプログラミングの基礎を本書でマスターしたら、さらに先に進んで大規模で実用的なプログラムを作ることに挑戦してみましょう。

プログラミングを上達するための秘訣は、自分でプログラムを作ることにつきます。目標をもって実際にゼロからプログラムをどんどん作ることで、実力がどんどん付きます。

さまざまな機能を実現したいときには、さまざまなモジュールや、モジュールをまとめたライブラリを利用することになるでしょう。このような目的には、前節「Pythonの応用」で紹介したライブラリやモジュールが使われます。その種のモジュールやライブラリは、既に紹介したもの以外のもの含めてインターネット上でたくさん提供されているので、必要なものを検索してダウンロードし、自分が作るプログラムにインポートします。このとき、モジュールやライブラリと共に提供されているサンプルプログラムとドキュメントがきわめて役に立ちます。

◆ ドキュメント

Pythonは、優れたドキュメントが用意されているという点も大きな特徴です。プログラミングの際に、必要なことをドキュメントで素早く調べられるようにしておくこともきわめて重要です。

Pythonは比較的詳細なドキュメントが標準で提供されています。特に、オンラインのドキュメントは頻繁に更新されていて、内容も充実しています。本書執筆時点で最新のドキュメントは次の場所にあります。

https://docs.python.jp/3/

特定のモジュールのドキュメントは、多くの場合、そのモジュールの開発者が提供しています。

　一般的には、日本語のドキュメントの公開はPython本体や各種モジュールのバージョンより遅いので、必要に応じて英語のドキュメントを参照する必要がある場合があります。また、Pythonの公式ドキュメントは、全体をくまなく網羅することに重点が置かれているため、経験者でなければ読み解けない文脈があったり、初心者むけのわかりやすくて単純な例などが少ないといえます。幸い、Pythonのさまざまな文献が出版されているので、それらを活用すると良いでしょう。その際に、対応バージョンを確認することがとても重要です。

付録

付録A	Pythonのインストールと環境設定
付録B	トラブルシューティング
付録C	練習問題解答例
付録D	参考資料

付録 A　Pythonの インストールと環境設定

A.1　Pythonのバージョン

　本書執筆時点での最新版のバージョンは 3.7.0 です。特に理由がなければ、最新バージョンをインストールしてください。

　Python 2.x と Python 3.x は互換性がない部分が数多くあります。本書にそって学習する場合は必ず Python 3.x をインストールしてください。

　本書の各章にある「タートルで遊ぼう」で使っているタートルグラフィックスを利用するには、turtle モジュールが必要です。また、turtle はグラフィックスの基礎として tkinter を使っているために、Tk をサポートする turtle モジュールを含むバージョンの Python が必要です。

A.2　インストール

　Python のウェブサイト（https://www.python.org/）の「Download」からプラットフォームとバージョンを選択してインストールします。選択したプラットフォーム／バージョンにインストーラーやインストールパッケージが用意されている場合は、それをダウンロードしてインストールする方法が最も容易なインストール方法です。

　Linux や macOS の場合は、ディストリビューションに Python のパッケージが含まれている場合が多く、特に Python をインストールしなくても Python を使える場合が多いでしょう。ただし、インストールされているのが Python 2.x であったり、Python がインストールされていない場合は、前出のウェブサイトから Python 3.x をダウンロードし

付録 A　Python のインストールと環境設定

てインストールします。

　Linux など UNIX 系 OS でソースコードをダウンロードしてからビルドしてインストールするときの標準的な手順は次の通りです。

```
cd /tmp
wget http://www.python.org/ftp/python/3.7.0/Python-3.7.0.tgz
tar -xzvf Python-3.7.0.tgz
cd Python-3.7.0
./configure
make
make test
sudo make install
```

　Linux など UNIX 系 OS で apt をサポートしている場合に、特定のパッケージをインストールするときには、典型的には次のコマンドを使います。「○○○」にはインストールするパッケージ名を指定します。

```
sudo apt install ○○○
```

　たとえば、tkinter が含まれる python3-tk パッケージをインストールするには次のようにします。

```
$ sudo apt install python3-tk
```

　また、たとえば、idle パッケージをインストールするには次のようにします。

```
$ sudo apt install idle
```

付　録

A.3　環境設定

　Windows の場合、Windows のアプリケーションリストやスタートメニューから「Python x.y」（x.y はバージョン番号）を選び、Python（command line）や IDLE（Python GUI）を選択して Python を実行する場合には、環境設定は特に必要ありません。また、他の OS でシステムに Python があらかじめインストールされている場合にも、通常は環境設定は特に必要ありません。

　環境設定を自分で行う場合に必要な設定は、環境変数 PATH に Python の実行ファイルを追加することです。環境設定が行われているかどうかは、コマンドプロンプト（システムによって、端末、ターミナル、Windows PowerShell など）で「python」を入力してみて、第 1 章のように Python を起動してみるとわかります。Python のインタープリタが起動しない場合は、環境変数 PATH に Python の実行ファイルがあるパスを指定してください。

　また、必要に応じて Python のスクリプト（.py）ファイルを保存するための作業ディレクトリを作成してください。

　なお、プログラミングではファイルの拡張子（ファイル名の最後の「.」より後ろの文字列）が重要な意味を持つので、Windows のようなデフォルトではファイル拡張子が表示されないシステムの場合、ファイルの拡張子が表示されるようにシステムを設定してください。

付録A　Pythonのインストールと環境設定

Eclipseのような統合開発環境（IDE）でPythonのプログラムを作って実行することもできます。IDEでPythonの開発環境を構築することについては本書の範囲を超えるので、他の資料を参照してください。

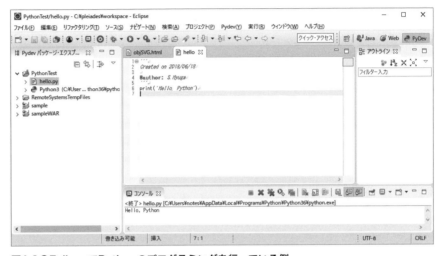

図A.1●EclipseでPythonのプログラミングを行っている例

付録 β　トラブルシューティング

ここでは、よくあるトラブルとその対策を概説します。

β.1　Python の起動

Python を起動するために発生することがあるトラブルとその対策は次の通りです。

Python が起動しない

- システムに Python をインストールする必要があります。python の代わりに環境に応じて、python3、python3.6、bpython、bpython3 などをインストールしてもかまいません。
- 最も一般的なコマンドの名前はすべて小文字の python ですが、それ以外に python3、python3.6、bpython、bpython3 などである場合があります。
- Python が存在するディレクトリ（フォルダ）にパスが通っていないと Python が起動しません。パスが通っているというのは、環境変数 PATH に Python の実行可能ファイルがあるディレクトリが含まれているということです（Windows のインストーラーでインストールした場合は正しく設定されている場合があります）。

Python が起動するかどうかは、Python のコマンド名に引数「-V」を付けて実行し、バージョンが表示されるかどうかで調べることができます。

```
$ python3 -V
Python 3.6.5
```

タートルで遊べない

- タートルグラフィックスを利用するには、turtle モジュールが必要です。「import turtle」を実行すると「モジュールが見つからない（ModuleNotFoundError）」が表示される場合は、turtle モジュールがインストールされていません。turtle をインストールするか、turtle がサポートされている Python を使ってください。
- turtle はグラフィックスの基礎として tkinter モジュールを使っているために、Tk をサポートした Python のバージョンが必要です（必要に応じて python-tk/python3-tk パッケージをインストールする必要があります）。tkinter が使えるかどうかは、Python のインタープリタで「import tkinter」を実行してみるとわかります。
- Windows では、turtle を使おうとすると動作が停止したりウィンドウの操作ができなくなったりすることがあります。スタートメニューから Python3 を選択してインタープリタを起動する、Windows PowerShell やコマンドプロンプトから Python を実行する、IDLE で実行する、スクリプトファイルで実行するなど、実行方法を変えてみてください。

B.2 Python 実行時のトラブル

Python を起動した後や、Python でスクリプトファイル（.py ファイル）を実行する際に発生することがあるトラブルとその対策は次の通りです。

認識できないコードページであるという次のようなメッセージが表示される。

```
「Fatal Python error: Py_Initialize: can't initialize sys standard streams
LookupError: unknown encoding: cp65001

This application has requested the Runtime to terminate it in an unusual way.
Please contact the application's support team for more information.」
```

- Windows のコマンドプロンプトの場合、コードページ 65001 の UTF-8 か、コードページ 932 のシフト JIS に設定されているでしょう。chcp コマンドを使ってコードページを変更してください。コードページを 932 に変更するには、OS のコマンドプロンプトに対して「chcp 932」と入力します。
- Windows の種類によっては、コードページが 932 の cmd.exe（C:¥Windows¥System32¥cmd.exe）のコマンドプロンプトから実行すると、この問題を解決できる場合があります。

「No module named ○○○」が表示される

- Python のバージョンをより新しいバージョンに更新してください。
- 環境変数 PATH に Python の実行ファイルとスクリプトがあるパス（PythonXY; PythonXY/Scripts など）を追加してください。
- 環境変数 PYTHONPATH にモジュール（PythonXY; PythonXY/Scripts; PythonXY/Lib; PythonXY/lib-tk など）がある場所を追加して、モジュールにアクセスできるようにしてください。

- 「No module named turtle」（turtle モジュールが見つからない）というメッセージが表示された場合は、turtle モジュールが検索できないか、インストールされていません。turtle.py にアクセスできるようにするか、あるいは、サポートしているバージョンの Python をインストールしてください。バージョン 3.0 以前の Python では、tkinter に含まれるモジュールの場所と名前が本書の記述と異なることがあるので、可能な限り最新の Python をインストールすることをお勧めします。
- 「No module named tkinter」が表示される場合は、Tk モジュールが検索できないか、インストールされていません。tkinter.py にアクセスできるようにするか、あるいは、Tk サポートしているバージョンの Python をインストールしてください。バージョン 3.0 以前の Python では、tkinter に含まれるモジュールの場所と名前が本書の記述と異なることがあるので、可能な限り最新の Python をインストールすることをお勧めします。
- 見つからないと報告されているモジュールを、実行するプログラム（スクリプト）と同じフォルダ（ディレクトリ）にコピーしてください。
- 大文字／小文字を実際のファイル名と一致させてください。たとえば、tkinter を Tkinter にします。

「IndentationError: unexpected indent」が表示される

- インデントが正しくないとこのメッセージが表示されます。
  （C/C++ や Java など多くの他のプログラミング言語とは違って）Python ではインデントが意味を持ちます。前の文より右にインデントした文は、前の文の内側に入ることを意味します。
- インデントすべきでない最初の行の先頭に空白を入れると、このメッセージが表示されます。
  単純に式や関数などを実行するときにその式や関数名の前に空白を入れるとエラーになります。

「SyntaxError」が表示される

プログラムコード（文）に何らかの間違いがあります。コードをよく見て正しいコードに修正してください。

「NameError: name '○○○' is not defined」が表示される

定義してない名前○○○を使っています。タイプミスがないか調べてください。インポートするべきモジュールを読み込んでないときにもこのエラーが表示されます。

「AttributeError: '○○○' object has no attribute '△△△'」が表示される

- ○○○というオブジェクトの属性（またはメソッド）△△△が存在しません。名前を間違えていないか、あるいはタイプミスがないか調べてください。

「(null): can't open file '○○○.py': [Errno 2] No such file or directory」が表示される

- Pythonのスクリプトファイル○○○.pyがないか、別のフォルダ（ディレクトリ）にあります。OSのcdコマンドを使ってカレントディレクトリをPythonのスクリプトファイル○○○.pyがある場所に移動するか、あるいは、ファイル名の前にスクリプトファイルのパスを指定してください。

「SyntaxError: Missing parentheses in call to '○○○'.」が表示される

- Python 3.0以降は、関数の呼び出しに()が必要です。たとえば、「print('Hello')」とする必要があります。Python 2.xでは「print 'Hello'」で動作しましたが、これは古い書き方であり、Python 3.0以降では使えません。古い書籍や資料、ウェブサイト、サンプルプログラムなどを参考にする場合には対象としているPythonのバージョンに注意する必要があります。

付録 C 練習問題解答例

プログラムを作成する問題の解答例はあくまでも 1 つの例です。正しい結果が得られれば、違うコードでもかまいません。

1.1

Python で式「(2.3 × 3.1+6.6) ÷ 1.5」の結果を出力してください。

```
>>> (2.3 * 3.1 + 6.6) / 1.5
9.153333333333334
```

1.2

Python で、「こんばんは、今日は月曜日です。」と出力してください。

```
>>> print("こんばんは、今日は月曜日です。")
こんばんは、今日は月曜日です。
```

または

```
>>> 'こんばんは、今日は月曜日です。'
こんばんは、今日は月曜日です。
```

1.3

カメを使って正方形を描いてください。

```
>>> import turtle
>>> kame=turtle.Turtle()
>>> kame.shape('turtle')
>>> kame.forward(100)
>>> kame.left(90)
>>> kame.forward(100)
>>> kame.left(90)
>>> kame.forward(100)
>>> kame.left(90)
>>> kame.forward(100)
>>>
```

1.4

カメを使って正六角形を描いてください。

```
>>> import turtle
>>> kame=turtle.Turtle()
>>> kame.shape('turtle')
>>> kame.forward(100)
>>> kame.right(60)
>>> kame.forward(100)
>>> kame.right(60)
>>> kame.forward(100)
>>> kame.right(60)
>>> kame.forward(100)
>>> kame.right(60)
>>> kame.forward(100)
>>> kame.right(60)
>>> kame.forward(100)
>>>
```

1.5

カメを使って台形を描いてください。

```
>>> import turtle
>>> kame=turtle.Turtle()
>>> kame.shape('turtle')
>>> kame.forward(200)
>>> kame.left(120)
>>> kame.forward(100)
>>> kame.left(60)
>>> kame.forward(100)
>>> kame.left(60)
>>> kame.forward(100)
>>>
```

2.1

半径が 5.0 の円の面積を計算してください。

```
>>> print (5.0 * 5. * 3.14)
78.5
```

2.2

値 12.34 の自乗を計算してください。

```
>>> 12.3 ** 12.3
25458503459259.527
```

2.3

値 123.4 を 23 で割った商と余りを計算してください。

```
>>> 123.4 / 23
5.365217391304348
>>> 123.4 % 23
8.400000000000006
```

商は 5、余りは 8.4（0.000000000000006 は誤差とみなす）。

3.1

10 以下の奇数のリストを作って 3 番目の要素を出力してください。

```
>>> odd = [1, 3, 5, 7, 9]
>>> odd
[1, 3, 5, 7, 9]
>>> odd[2]
5
```

3.2

1 から 6 までの値の階乗のリストを作ってください。

```
>>> fract = [1, 1*2, 1*2*3, 1*2*3*4, 1*2*3*4*5, 1*2*3*4*5*6]
>>> fract
[1, 2, 6, 24, 120, 720]
```

3.3

名前と電話番号のリストを作ってください。

```
>>> phone = [['Kenta','033-256-0110'],['Ichiro','045-231-0110']]
>>> phone
[['Kenta', '033-256-0110'], ['Ichiro', '045-231-0110']]
>>> phone[0]
['Kenta', '033-256-0110']
>>> phone[1]
['Ichiro', '045-231-0110']
```

4.1

一辺の長さが3、5、7、11の正方形の面積を関数を使って求めてそれぞれ表示してください。

```
>>> def SquareArea( l ):
...     print ( '長さ', l, 'の面積=', l * l )
...
>>> SquareArea( 3 )
長さ 3 の面積= 9
>>> SquareArea( 5 )
長さ 5 の面積= 25
>>> SquareArea(7 )
長さ 7 の面積= 49
>>> SquareArea( 11 )
長さ 11 の面積= 121
>>>
```

4.2

横線を 5 本描くプログラムを関数を使って作成してください。

```
>>> import turtle
>>> kame=turtle.Turtle()
>>> kame.shape('turtle')
>>>
>>> def drawLine():
...     kame.forward(150)
...     kame.penup()
...     kame.backward(150)
...     kame.right(90)
...     kame.forward(20)
...     kame.left(90)
...     kame.pendown()
...
>>> drawLine()
>>> drawLine()
>>> drawLine()
>>> drawLine()
>>> drawLine()
>>> k = input()    # ウィンドウが閉じてしまわないようにするため
```

4.3

大きさの異なる長方形を 5 個描くプログラムを関数を使って作成してください。

```
>>> import turtle
>>> kame=turtle.Turtle()
>>> kame.shape('turtle')
>>>
>>> def drawRect(l):
...     kame.forward(l)
...     kame.right(90)
...     kame.forward(l)
...     kame.right(90)
```

```
...     kame.forward(l)
...     kame.right(90)
...     kame.forward(l)
...     kame.right(90)
...
>>> drawRect(20)
>>> drawRect(40)
>>> drawRect(60)
>>> drawRect(80)
>>> drawRect(100)
>>> k = input()
```

5.1

文字列「ABC」と文字列「abc」が、Pythonの比較演算で等しいかどうかを示すプログラムを作成してください。

```
>>> x='ABC'
>>> y='abc'
>>> if x == y:
...     print(x, 'と', y, 'は同じ')
... else:
...     print(x, 'と', y, 'は違う')
...
ABC と abc は違う
```

5.2

0から10までの数のうち、奇数だけを出力するプログラムを作成してください。

```
>>> i = 0
>>> while i < 10:
...     i = i + 1
...     if i % 2 == 0:
```

```
...         continue
...     else :
...         print(i)
...
1
3
5
7
9
>>>
```

5.3

1,2,4,7,11 というそれぞれの数の 2 乗を出力するプログラムを作成してください。

```
>>> vals=[1,2,4,7,11]
>>> for v in vals:
...     print( v,'*',v, '=', v*v)
...
1 * 1 = 1
2 * 2 = 4
4 * 4 = 16
7 * 7 = 49
11 * 11 = 121
```

6.1

名前と住所をファイルに書き込んでから読み込むスクリプトを作成してください。

ex6_1.py

```
f = open('test.txt', 'w')
f.write('Yamada Taro¥n357, maruyama-cho,Sapporo-City,Okinawa¥n')
f.close()

f = open('test.txt', 'r')
```

```
lines = f.readlines()
print('氏名=',lines[0])
print('住所=',lines[1])
f.close()
```

6.2

練習問題 6.1 のスクリプトに例外処理を追加してください。

ex6_2

```
try :
    f = open('test.txt', 'w')
    f.write('Yamada Taro\n357, maruyama-cho,Sapporo-City,Okinawa\n')
except :
    print( 'ファイルに書き込めません')
finally:
    f.close()

try :
    f = open('test.txt', 'r')
    lines = f.readlines()
except :
    print( 'ファイルから読み込めません')
else:
    print('氏名=',lines[0])
    print('住所=',lines[1])
finally:
    f.close()
```

6.3

play6.py のタートルのコマンドを増やし、データファイルも増やしてください。

ex6_3.py

```python
import turtle
kame=turtle.Turtle()
kame.shape('turtle')

f = open('kame6_3.dat')
data = f.readlines()
f.close()

ndata = len(data)
i=0
while i<ndata :
    cmnd =data[i]
    param=float(data[i+1])
    if cmnd == 'forward\n' :
        kame.forward(param)
    if cmnd == 'left\n' :
        kame.left(param)
    if cmnd == 'right\n' :
        kame.right(param)
    if cmnd == 'penup\n' :
        kame.penup()
    if cmnd == 'pendown\n' :
        kame.pendown()
    i = i + 2

k=input()
```

コマンドとパラメータを並べたデータは、たとえば次のように作ります。

kame6_3.dat

```
forward
20
right
```

```
90
forward
100
left
90
penup
0
forward
20
right
90
pendown
0
forward
100
left
90
forward
50
```

7.1

幅と高さで形を表現するRect（四角形）クラスを定義してください。

```
class Rect:
    def __init__(self, w, h):
        self.width = w
        self.height = h
```

実行例

```
>>> class Rect:
...     def __init__(self, w, h):
...         self.width = w
...         self.height = h
...
>>> r1=Rect(10, 12)
>>> r1.width
```

```
10
>>> r1.height
12
>>>
```

7.2

幅と高さで形を表現する Rect（四角形）クラスに、そのオブジェクトの形状を出力する関数 print() を追加してください。

```
class Rect:
    def __init__(self, w, h):
        self.width = w
        self.height = h
    def print(self):
        print('Rect : Width=', self.width, ' Height=', self.height )
```

実行例

```
>>> class Rect:
...     def __init__(self, w, h):
...         self.width = w
...         self.height = h
...     def print(self):
...         print('Rect : Width=', self.width, ' Height=', self.height )
...
>>> r2=Rect(23, 34)
>>> r2.print()
Rect : Width= 23  Height= 34
```

7.3

幅と高さで形を表現する Rect（四角形）クラスから派生した、Square クラスを定義してください。

```
class Rect:
    def __init__(self, w, h):
        self.width = w
        self.height = h

class Square(Rect):
    def __init__(self, w):
        super(Square, self).__init__( w, w)
    def print(self):
        print('Square : Width=', self.width, ' Height=', self.height )
```

実行例

```
>>> class Square(Rect):
...     def __init__(self, w):
...         super(Square, self).__init__( w, w)
...     def print(self):
...         print('Square : Width=', self.width, ' Height=', self.height )
...
>>> s=Square(45)
>>> s.print()
Square : Width= 45  Height= 45
>>>
```

8.1

ユーザーが 5 個の値を入力すると（'end' を入力しなくても）5 個の数の平均を求めるプログラムを作ってください。

ex8_1.py

```python
# ex8_1.py
count = 0
total=0.0
while (True):
    a = input('値=')
    count += 1
    if (count == 5):
        break
    total += float(a)
c = total / count
print('5個の平均=', c)
```

8.2

リストに保存してある 5 個の実数の平均を求めるプログラムを作ってください。
ヒント：for 文を使います。

ex8_2.py

```python
# ex8_2.py
a = [12, 23, 34, 54, 65, 87 ]
print ('a=', a)

count = 0
total=0.0
for x in a:
    total += float(x)
c = total / len(a)
print('平均=', c)
```

8.3

関数が同じ名前の関数を呼び出すこと（関数が自分自身を呼び出すこと）を再帰といいます。再帰関数を使って最大公約数を求めるプログラムを作ってください。
ヒント：繰り返す代わりに同じ名前の関数を呼び出します。

ex8_3.py

```python
# ex8_3.py
a = input( 'a=' )
b = input( 'b=' )

if a<b:       # a<bならaとbを入れ替える
    a, b = b, a

def gcd(x, y):
    if y == 0:
        return x
    else:
        return gcd(y, x % y)

print(a, 'と', b ,'の最大公約数=', gcd( int(a), int(b) ))
```

9.1

address.py で、ユーザーが誤ったコマンドを入力したらメッセージを表示するようにしてください。
メインプログラムの最後にメッセージを表示するコードを追加します。

ex9_1.py（一部）

```python
# メインプログラム
while (True):
    cmd = input('登録=reg,検索=search,全データ表示=list,終了=exit >>')
    if cmd=='reg':     # メンバーを登録する
        name=input('氏名=')
        age=input('年齢=')
```

```
            email=input('Eメール=')
            entry(name, age, email)
        elif cmd=='search':  # メンバーを検索する
            name=input('氏名=')
            search(name)
        elif cmd=='list':    # 全メンバー表示
            for p in member:
                p.print()
        elif cmd=='exit':  # システム終了
            break
        else:               # エラー表示
            print('そのようなコマンドはありません')
```

9.2

address.py で、ユーザーが誤ったコマンドを入力したらメッセージを表示するようにしてください。

以下に変更に関連する部分だけを掲載します。

ex9_2.py（一部）

```
# メンバーを年齢で検索する関数
def searchage(age):
    find = False
    for p in member:
        if p.age == age:
            find = True
            p.print()
    if find==False:
        print(age, '歳の人は登録されていません。')
# メインプログラム
while (True):
    cmd = input('登録=reg,検索=search,年齢検索=age,全データ表示=list,終了=exit >>')
    if cmd=='reg':  # メンバーを登録する
        name=input('氏名=')
        age=input('年齢=')
        email=input('Eメール=')
        entry(name, age, email)
```

```
        elif cmd=='search':  # メンバーを検索する
            name=input('氏名=')
            search(name)
        elif cmd=='age':      # メンバーを年齢で検索する
            age=input('年齢=')
            searchage(age)
        elif cmd=='list':   # 全メンバー表示
            for p in member:
                p.print()
        elif cmd=='exit':  # システム終了
            break
        else:              # エラー表示
            print('そのようなコマンドはありません')
```

9.3

サイコロを2個振るプログラムを作成してください。このとき、必ず「サイコロの目を表示する」という機能を持った関数を作ってください。

ex9_3.py

```
# die.py
import random

def disp(n):
    print('-----')
    if n==1:
        print('\n  *  \n')

    if n==2:
        print('\n*    *\n')

    if n==3:
        print('*  \n *\n    *')

    if n==4:
        print('*   *\n  \n *   *')
```

```
    if n==5:
        print('*   *\n *\n*   *')

    if n==6:
        print('*   *\n*   *\n*   *')
    print('-----\n')

random.seed()

disp( random.randint(1, 6) )
disp( random.randint(1, 6) )
```

参考資料

ここには役立つ Python のウェブサイトを掲載します。

- Python のウェブサイト
  https://www.python.org/

- Python に関する完全な解説
  https://docs.python.jp/3/

- 日本 Python ユーザー会のウェブサイト
  http://www.python.jp/

索引

記号

!=	32, 70
"	7
#	13
%	31
%=	32
&	71
'	7
*	5, 30
**	31
*=	32
+	30, 48
+=	32
,	29
-	30
-=	32
.	52
...	61
/	5, 30
/=	32
:	46, 53
<	32, 70
<=	32, 70
=	32
==	32, 70
>	4, 32, 70
>=	32, 70
>>>	4
¥n	90
__init__	104
|	71

A
append()	52

B
back()	21
BMI	146

C
chdir()	11
circle()	22
class	103
clear()	22
close()	88
continue	78
CUI アプリ	142

D
def	60

E
elif	76
else	72, 84
except	82

F
False	40
finally	82
float()	116
for	80, 94
forward()	21

G
getcwd()	11
GUI アプリ	142

H
help()	170
home()	22

I
IDLE 186
if 72
import 111
input() 12
int() 116

L
left() 21

M
math モジュール 175

O
open() 88, 90, 92
os モジュール 89

P
pendown() 24
penup() 24
print() 7

Q
quit() 6

R
randint() 134
random モジュール 134, 178
range() 81, 194
readline() 93
readlines() 95
right() 21

S
seed() 134
self 104
shapesize() 17
sort() 51

str() 39
super 108
sys モジュール 172
sys.maxsize 138

T
threading モジュール 182
time モジュール 180
Timer オブジェクト 183
Tk 142
tkinter モジュール 143
True 40
try 82
turtle モジュール 16

U
undo() 22
unittest 193

W
webbrowser モジュール 182
while 77
write() 88

あ
値の交換 33
一次プロンプト 3
インクリメント 78
インスタンス 102
インストール 202
インタープリタ 4
インタラクティブシェル 4
インタラクティブシェルモード 186
インデント 60, 73
インポート 111
ウィジェット 147
ウィンドウの作成 143
エンコーディング 14

演算子 30
円周率 175
オブジェクト 102
親クラス 107

か

改行 90
拡張子 10
型 37
カレントディレクトリ 11, 89
環境設定 204
関係演算子 32, 70
関数 7, 50, 58
キー 53
偽 40
基本クラス 107
巨大な値 138
クラス 103
繰返し 77
継承 106
子クラス 107
誤差 117
コマンドプロンプト 4
コマンドライン引数のリスト ... 172
コメント 13
混在リスト 49
コンソール 3

さ

サブクラス 107
算術演算子 30
式 28
辞書 53
システムパラメータ 172
自然対数の底 176
実行 10
条件文 72
初期化 36

初期化関数 104
真 40
真偽値 40
数値に変換 116
スーパークラス 107
スクリプトファイル 9
宣言 35
ソースコード 21

た

タートルグラフィックス 15
タートルのサイズ 17
ターミナル 3
代入演算子 32
定義
　関数 60
　クラス 103
　サブクラス 108
　スーパークラス 107
テスト 191
デバッグ 191
ドキュメント 198

な

日本語 14
入力 12

は

配列 44
パラメータ 58
範囲 46
引数 19, 58, 63
評価 28
ファイル 9, 88, 92
ファイルダイアログ 155
ブール型 40
プログラムリスト 21
プロンプト 3, 173

ベースクラス	107
ペン	23
編集モード	190
変数	35, 37
変数名	38
保存	10

ま

メソッド	21, 51, 105
メニュー	152
モジュール	110, 170
モジュール検索パス	173
文字列	7
文字列型	39
文字列リスト	48

や

ユークリッドの互除法	121
優先順位	33
ユニットテスト	192
要素	45
読み込み	93

ら

乱数	134, 178
リスト	44
レイアウトマネージャ	143
例外処理	82, 96
論理演算子	71

■ **著者プロフィール**

日向 俊二（ひゅうが・しゅんじ）

フリーのソフトウェアエンジニア・ライター。
前世紀の中ごろにこの世に出現し、FORTRAN や C、BASIC でプログラミングを始め、その後、主にプログラミング言語とプログラミング分野での著作、翻訳、監修などを精力的に行う。
わかりやすい解説が好評で、現在までに、C#、C/C++、Java、Visual Basic、XML、アセンブラ、コンピュータサイエンス、暗号などに関する著書・訳書多数。

やさしい Python 入門 第 2 版

2012 年 3 月 10 日　　初版第 1 刷発行
2018 年 8 月 20 日　　改訂第 2 版第 1 刷発行

著　者　　日向 俊二
発行人　　石塚 勝敏
発　行　　株式会社 カットシステム
　　　　　〒 169-0073　東京都新宿区百人町 4-9-7　新宿ユーエストビル 8F
　　　　　TEL (03)5348-3850　　FAX (03)5348-3851
　　　　　URL　http://www.cutt.co.jp/
　　　　　振替　00130-6-17174
印　刷　　シナノ書籍印刷 株式会社

本書に関するご意見、ご質問は小社出版部宛まで文書か、sales@cutt.co.jp 宛にe-mail でお送りください。電話によるお問い合わせはご遠慮ください。また、本書の内容を超えるご質問にはお答えできませんので、あらかじめご了承ください。

■ 本書の内容の一部あるいは全部を無断で複写複製（コピー・電子入力）することは、法律で認められた場合を除き、著作者および出版者の権利の侵害になりますので、その場合はあらかじめ小社あてに許諾をお求めください。

Cover design　Y.Yamaguchi　　© 2018 日向俊二
Printed in Japan　ISBN978-4-87783-443-2